Konstantia Gruber

Wegweiser ins Neue Zeitalter

Über den Sprung in die 4. Dimension durch 90°-Wendung,
die Quadratur des Kreises,
die goldene Spiralbewegung uvm

MunRa Sananda

Mauer Verlag
Wilfried Kriese
72108 Rottenburg a/N
Buchgestaltung: Wilfried Kriese
Titelbild: Privat
Graphiken: Ing. Helmut Maier + Eva Höflehner
2009
ISBN 978-3-86812-177-3

www.mauerverlag.de

Inhalt

Danksagung

Der Sinn des Lebens ist das Leben selbst, Erfahrungen zu machen und durch die daraus gewonnenen Erkenntnisse innere Wahrheit und Weisheit zu erlangen. Erfahrungen machen wir durch zwischenmenschliche Kontakte, oftmals durch „schwierige" Beziehungen, die uns an unsere Grenzen bringen, damit wir darüber hinauswachsen können.

Die wichtigsten Menschen in meinem Leben sind meine beiden Töchter, Katharina und Angelika. Ich danke euch, dass ihr mein Leben auf so wunderbare Art bereichert, ich liebe euch sehr.

Weiters möchte ich meiner Familie danken, insbesondere meiner Schwester Eva, welche dieses Buch mit zwei kunstvollen Darstellungen bereichert hat.

Dank sagen möchte ich auch an Helmut Maier, dem Vater unserer beiden Kinder, welcher für die graphische Darstellung der „Tore" in dem Buch verantwortlich zeigt.

Besonderer Dank gebührt meiner Freundin Romana Lammer, die den nicht immer leichten Weg mit mir gemeinsam gegangen ist; ich danke dir für deine Freundschaft.

Konstantia Gruber

Einleitung

Dieses Buch beschreibt meinen spirituellen Weg von der Befreiung bis zur Entwicklung der Wahren Liebe durch den weiblichen Gottkörper bzw. die göttlich-weibliche Trinität – den Weg von der 3. Dimension über die 12 Zwischendimensionen der 4. Dimension in die 5. Dimension.

Auf diesem Weg gibt es 13 Tore, welche uns in die jeweils nächste Dimension bzw. Zwischendimension bringen.

Die ersten 3 Tore, die ich durch die geistige Welt übermittelt bekam, sind in diesem Buch als Symbol dargestellt. Es handelt sich hierbei jedoch nicht nur um Symbole, sondern um – wie bereits erwähnt – richtige Tore, welche sehr mächtig sind und ich möchte euch auffordern, achtsam damit umzugehen.

Am Ende des hier beschriebenen Weges steht die Wahre Liebe.

Doch der Weg endet niemals, sei dir dessen bewusst, Leben bedeutet Wachstum und nicht Stillstand. Mit der Entwicklung des weiblichen Gottkörpers, der weiblich-göttlichen Trinität, endet also meine Ausführung; das 13. Tor bringt dich in die 5. Dimension.

Der Ausgangspunkt unserer Reise ist das SIEGEL SALOMOS.

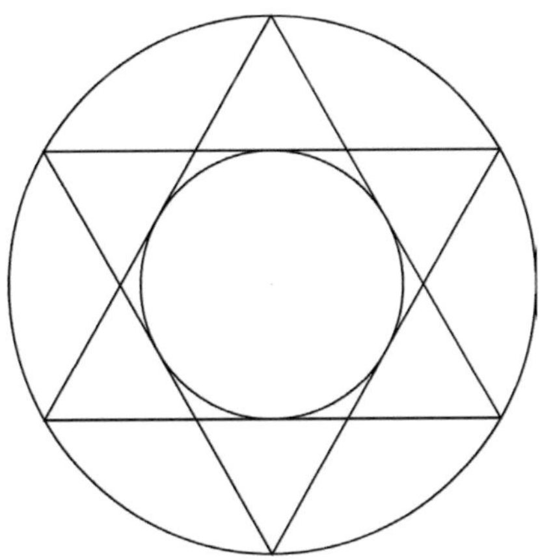

Abb. 1

SIEGEL SALOMOS
1. TOR

TOR DER BEFREIUNG

Wie der Name des 1. Tores bereits verrät, führt uns dieses Tor in die Freiheit.
Wir sind Gefangene, ohne uns dessen bewusst zu sein.
Wir sind Gefangene unseres Karmas, unseres Familiensystems, der Gesellschaft, der Religionen, unserer Illusionen und Täuschungen usw.
Oftmals finden wir uns in widrigen Lebensumständen als Resultat unseres Karmas oder durch Verstrickungen innerhalb unseres Familiensystems. Wir empfinden das Leben dann als ungerecht, wissen nicht, wie uns geschieht.
Aus diesen immensen Gefangenschaften auszubrechen, bedeutet harte Arbeit, Mut und Durchhaltevermögen.
Die Öffnung des 1. Tores ist die schwierigste Aufgabe in diesem ganzen Prozess .

Das Siegel Salomos ist ein Hexagramm, das aus zwei ineinander greifenden Dreiecken besteht, wobei eines mit der Spitze nach oben und das zweite mit der Spitze nach unten zeigt.
Die Richtung, in die das Dreieck weist, bestimmt seine Bedeutung.
Weist es nach oben, bedeutet es das „männliche" Element, das Element Feuer,
weist es nach unten, so bedeutet es das „weibliche" Element, das Element Wasser.
Somit symbolisiert das Siegel Salomos auch die Vereinigung von „männlich"und „weiblich", von „oben" und „unten".
Da die Elemente eine essentielle Rolle in unserer spirituellen Ent-

wicklung spielen, müssen wir uns ein wenig intensiver damit beschäftigen.

Ich möchte im Anschluss die 4-Elemente-Lehre der griechischen Philosophie und die 5-Elemente-Lehre der chinesischen Philosophie in ihren Grundzügen darstellen.

4-Elemente-Lehre der griechischen Philosophie

Nach der 4-Elemente-Lehre besteht alles Sein aus den 4 Grundelementen
Feuer - Wasser - Luft - Erde.
Platon ordnete jedem Element sowie dem Äther, welcher die 4 Elemente verbindet, einen regelmäßigen Körper zu, den sogenannten Platonischen Körper.
Aristoteles wiederum gab den 4 Elemente die Eigenschaften warm/kalt und trocken/feucht und bezeichnete den Äther als die den anderen 4 Elementen zugrunde liegende Quintessenz.

Den 4 Elementen und dem Äther stehen jeweils bestimmte Geistwesen vor, die auch als Elementarwesen bezeichnet werden.

Element	**regelmäßiger Körper (Platon)**	**Eigenschaft (Aristoteles)**	**Tierkreiszeichen (Astrologie)**	**Elementarwesen (Paracelsus)**	**Himmelsrichtung**	**Erzengel**	**Temperament**
Feuer	Tetraeder	heiß + trocken	Widder, Löwe, Schütze	Salamander	Süden	Michael	cholerisch
Luft	Oktaeder	heiß + feucht	Zwillinge, Waage, Wassermann	Sylphen	Osten	Raphael	sanguinisch
Wasser	Ikosaeder	kalt + feucht	Krebs, Skorpion, Fische	Undinen	Westen	Gabriel	phlegmatisch
Erde	Würfel	kalt + trocken	Stier, Jungfrau, Steinbock	Gnome	Norden	Uriel	melancholisch

Abb. 2

5 – Elemente-Lehre

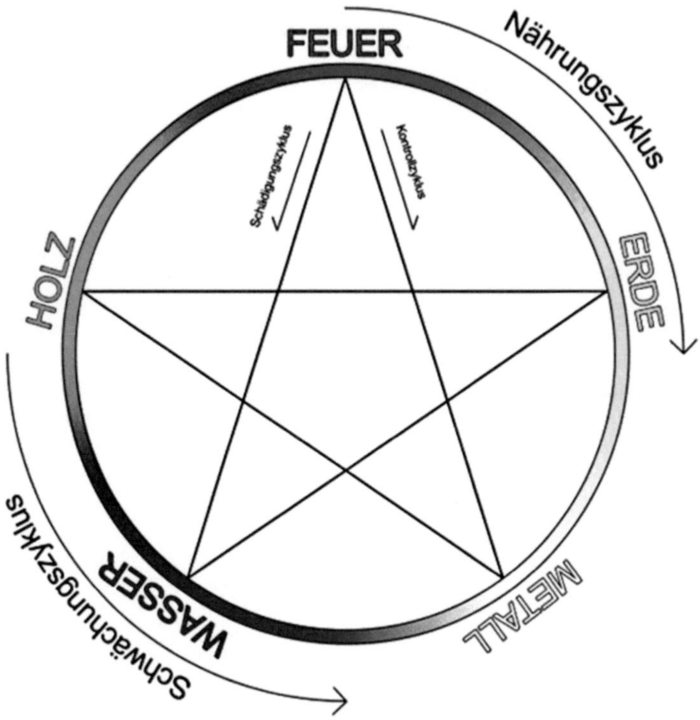

Abb. 3

Die 5 – Elemente – Lehre ist eine daoistische Theorie zur Naturbeschreibung.
Sie untersucht Gesetzmäßigkeiten, nach denen dynamische Prozesse im Bereich des Lebendigen ablaufen, die sogenannten Wandlungsphasen; betont also Werden, Wandlung und Vergehen.
Im Buddhismus gibt es ebenfalls eine Lehre der 5 Elemente, die sich aber von der daoistischen unterscheidet. Der Buddhismus kennt die Elemente Erde, Wasser, Feuer, Luft und Leere. Durch die Verbindung der 4 Elemente entsteht hier also Leere.
In der griechischen Mythologie ist das verbindende Element der

Äther, die Quintessenz, die alles durchdringt. Diese Quintessenz ist, wie wir sehen werden, die Liebe. Die Liebe ist im Buddhismus also Leere. Wie kann das sein? Unser Ziel ist die vollkommene Neutralität, der Ausgleich von Männlich und Weiblich, von Licht und Dunkel, dann entsteht Leere, welche Liebe ist. Liebe sowohl zu allem Dunklen, wie zu Hellem. Liebe zu allem, was ist.

Die daoistische Lehre basiert auf 5 angenommenen Grundelementen, nämlich:

Feuer - Erde - Metall - Wasser - Holz

Die Interaktion dieser Elemente bewirkt einen Ablauf, der als Wandlungszyklus beschrieben wird und auf alle Bereiche des Lebens angewendet wird.
Die wechselnden Phasen werden häufig an der Jahreszeitenfolge verdeutlicht:
Wasser steht „unten“ als ruhender Ausgangspunkt, entspricht dem Winter, dem YIN.
Holz folgt als vorbereitende, expandierende Phase; entspricht dem Frühling und wird auch als Kleines YANG bezeichnet.
Feuer bildet den Höhepunkt, es steht für den Sommer, das volle YANG.
Erde steht für den wandelnden Aspekt sowie den Spätsommer.
Metall konzentriert und strukturiert die Aktion, dies gewährleistet die Wirkung der Aktion, entsprechend der Reifung im Herbst; es wird als Kleines YIN bezeichnet.
Dem schließt sich wieder die Ruhephase im Wasser entsprechend dem Winter an.

In unserem Leben durchlaufen wir einen großen Zyklus von der Geburt bis zu unserem Tod und darüber hinaus noch eine Vielzahl kleinerer Zyklen. Diese Zyklen laufen alle entsprechend den

oben beschriebenen Wandlungsphasen ab. Das bedeutet, wir müssen uns dieser Zyklen bewusst werden und im Einklang mit ihnen leben. Wir dürfen nicht in einem Element stehen bleiben, das wäre gegen das Leben.
Ganz essentiell ist es, zu erkennen, dass Leben Wandlung bedeutet.
Es gibt keine „gutes“ und kein „schlechtes“ Element, jedes Element ist gleich wichtig und gleich „gut“. Fehlt ein Element, ist Wandlung und somit Leben nicht möglich.

Nehmen wir als Beispiel einen ganz normalen Tag in unserem Leben:
Nachdem wir uns in der Nacht ausgeruht haben (Wasser – volles YIN – Dunkelheit) , stehen wir am Morgen auf, machen die Morgentoilette, trinken Kaffee, frühstücken; das heißt, wir bereiten uns auf den Tag vor (Holz – schwaches YANG). Am Morgen findet also der Übergang von der Ruhephase in die Aktivitätsphase statt – so wie der Übergang von der Nacht in den Tag durch das Morgengrauen passiert, wo sich Licht und Dunkelheit mischen.
Danach folgt die Aktivitätsphase, wir verrichten unseren Job oder wir gehen einer anderen wie auch immer gearteten Arbeit nach. (Feuer – volles YANG).
Nach einem langen Arbeitstag freuen wir uns auf zuhause oder ein Gespräch mit Freunden, wir hören Musik oder schauen fern . . . wir schrauben unsere Aktivität zurück (Metall – schwaches YIN).
Danach folgt wiederum die verdiente Ruhephase durch den Schlaf (Wasser – volles YIN)

Ist nun dieser Tag-Nacht-Rhythmus über längere Zeit gestört, z.B. wenn wir nachts nicht schlafen können oder umgekehrt wenn wir uns den ganzen Tag nicht aus dem Bett aufraffen können, so entsteht Krankheit durch Stagnation, der Wandel ist gestört.

Daraus wiederum folgern wir, dass Gesundheit durch steten Wandel entsteht, Krankheit wiederum durch eine Störung des Kreislaufs.
Diesen Zyklus können wir auf jede Situation in unserem Leben anwenden.

Nehmen wir z.B. an, ein geliebter Mensch ist durch den physischen Tod für immer von uns gegangen.
Die natürliche und notwendige Reaktion ist Zurückgezogenheit und Trauer (Wasser – YIN).
So wie der Schlaf lebensnotwendig ist, so ist auch die Trauer notwendig, um den Verlust zu verarbeiten. In dieser Trauerzeit nehmen wir Abschied, lösen uns und ziehen uns aus der Aktivität zurück. Aktivität würde die Trauer nur verdecken und den Abschied auf Dauer erschweren. Doch alles hat seine Zeit, wir können nicht jahrelang trauern, wir können nicht im YIN verharren. So kommt die Zeit, wo es wieder Licht wird, es dämmert. (Holz – schwaches YANG). In dieser Phase sollten wir uns noch nicht zu viel zumuten, auch hier ist übertriebene Aktivität hinderlich und gegen den Wandel.
Menschen, die keine Möglichkeit hatten zu trauern oder ihrer Trauer nicht Ausdruck verleihen konnten, tragen diese Trauer womöglich das ganze Leben oder sehr lange Zeit mit sich.
Sobald wir also wieder Licht sehen, nehmen wir langsam unsere Aktivitäten und Pflichten wieder auf. Wichtig ist hierbei, dass es einen Wandel von der Dunkelheit (Trauer) ins Licht (Alltag) gibt, d.h. wir sollten nicht sofort in die volle Aktivität gehen , denn dann würden wir ein Element (Holz – kleines Yang) überspringen. Doch das funktioniert nicht, wir fallen wieder zurück ins Wasser (Trauer), damit sich der Wandel vollziehen kann.
Denn der Weg vom Wasser führt über das Holz zum Feuer, wir müssen langsam in den Alltag zurückfinden. Den rechten Zeitpunkt für den Übergang eines Elementes in das nächste muß jeder

Mensch für sich selbst herausfinden, diese Zyklen sind individuell. Um den rechten Zeitpunkt zu spüren, muß man mit sich selbst in Kontakt sein, d.h. horch in dich hinein.
Wenn du schlussendlich im Feuer angelangt bist, ist die Trauer überwunden und du kannst wieder Freude spüren.

Meiner Erfahrung nach haben beide Elemente-Lehren – sowohl die griechische, als auch die chinesische – Recht. Sie betonen nur unterschiedliche Aspekte.

Ich habe die beiden Lehren zu einer Elemente-Lehre vereint.

Nach meiner Erfahrung existieren 4 Hauptelemente:
Feuer und Luft (YANG)
Wasser und Erde (YIN)

Sowie 2 „Nebenelemente", die jedoch in ihrer Bedeutung den Hauptelementen um nichts nachstehen:
Holz (schwaches YANG oder YANG im YIN)
Metall (schwaches YIN oder YIN im YANG)

Sowie ein alle Elemente Verbindendes :
Äther (alles durchdringend – Liebe, Leere)

Der Ausdruck Volles YANG (Feuer und Luft) stimmt demnach nicht, denn im Yang ist auch Yin enthalten, im Männlichen ist Weibliches enthalten und umgekehrt.
Diese Tatsache ist auf wunderbare Art und Weise im YIN-YANG-Symbol ausgedrückt.

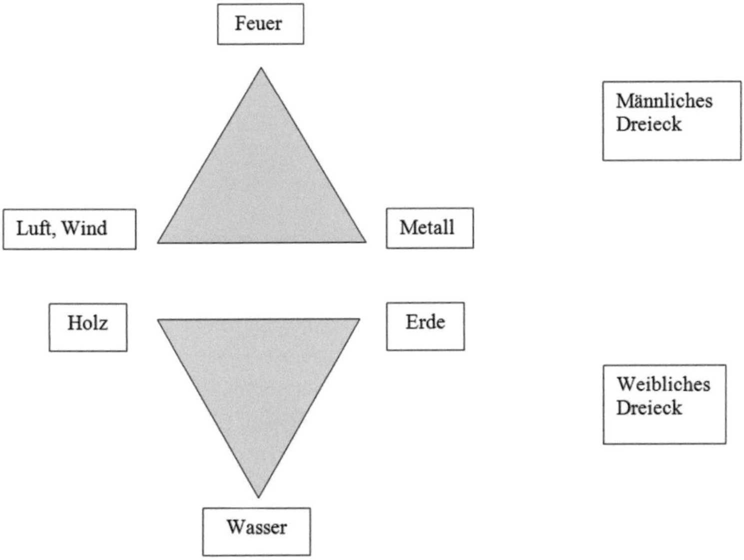

Abb. 4:

Durch die Vereinigung der beiden Lehren erhalten wir nun 2 Dreiecke wie im Siegel Salomos, ein männliches und ein weibliches. (Abb. 4)

Das „männliche“ YANG-Dreieck symbolisiert die Elemente Feuer, Luft und Metall,

das „weibliche“ YIN-Dreieck die Elemente Wasser, Erde und Holz.

Das Element Äther wird durch den Kreis in der Mitte der beiden Dreiecke symbolisiert (siehe Abb. 5). Es vereint alle anderen Elemente und symbolisiert unser Herzchakra. Durch die Vereinigung der Elemente und der Gegensätze entsteht die Essenz, die Liebe.

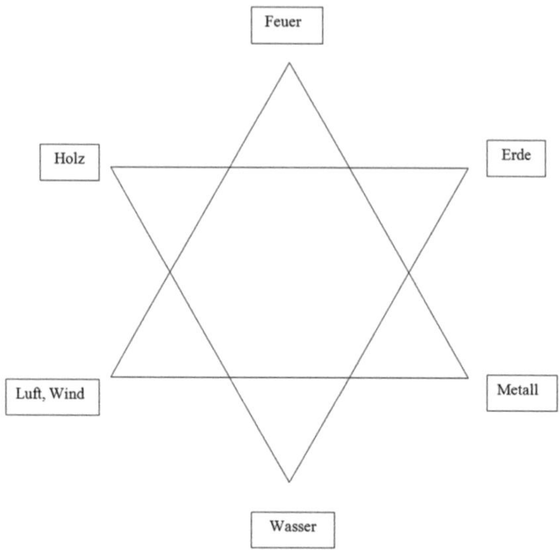

Abb. 5:

<u>Weiters können wir jedem Element ein Chakra zuordnen (Abb. 6):</u>

Elemente des „weiblichen“ Dreiecks symbolisieren die „unteren“ Chakren:

Wurzelchakra: Erde (YIN)
Sakralchakra: Wasser (YIN)
Solarplexus-Chakra: Holz (YANG im YIN)

Elemente des „männlichen“ Dreiecks symbolisieren die „oberen“ Chakren:

Halschakra: Metall (YIN im YANG)
Stirnchakra: Luft (YANG)
Scheitelchakra: Feuer (YANG)

Kreis in der Mitte des Siegel Salomos:
Herzchakra Äther (alle Elemente, YIN und YANG)

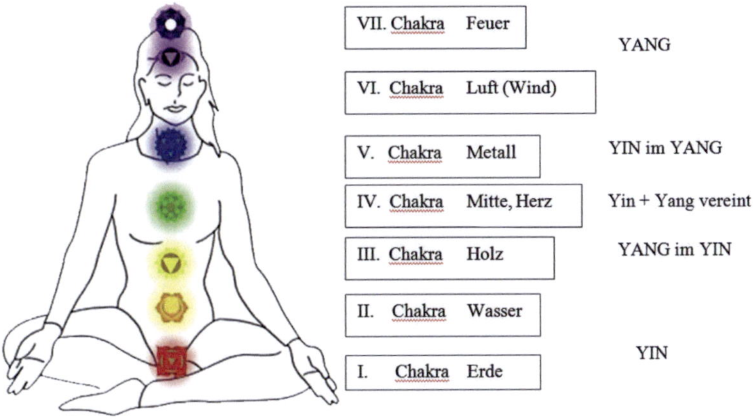

Abb.6:

Der Kreis in der Mitte der beiden Dreiecke symbolisiert also das Element Äther und unser Herzchakra.
Legt man nun den Kreis mit demselben Durchmesser in jede Spitze der 2 Dreiecke, so entsteht ein Symbol wie in Abb. 8 dargestellt.
Daraus wiederum entsteht die „Blume des Lebens". (Abb. 9)
Zu diesem Thema empfehle ich Drunvalo Melchizedeks Buch mit dem Titel „Die Blume des Lebens" Band 1 und 2.

Unsere weitere spirituelle Entwicklung vollzieht sich jedoch nicht durch Wachstum nach außen, sondern durch Wachstum nach INNEN.
Ihr werdet dieses Wachstum nach innen im 2. Symbol – 2. Tor der ICH-BIN-Gegenwart – erkennen.

Unser 1. Zwischenziel ist es aber, das Siegel Salomos, das sternförmige Tetraeder, auch MerKaBah genannt, in uns und um uns aufzubauen.

Der 1. Schritt besteht darin, Themen des „weiblichen" Dreiecks zu bearbeiten, Themen der Elemente Erde und Wasser.

Abb. 7: Die 7 zentralen Kreise der Blume des Lebens

Abb. 8: Die Blume des Lebens

Element Erde und Wasser

Die Elemente Erde und Wasser symbolisieren das Weibliche, das Dunkle, das Passive.
Das Element Erde ist dem Wurzelchakra, das Element Wasser dem Sakralchakra zugeordnet.

Die wichtigsten Themen dieser Chakren sind:

- Verwurzelung, „JA“ sagen zum Leben
- Befreiung von Karma
- Befreiung aus Verstrickungen des Familiensystems
- Ängste
- Die eigene „dunkle“ Seite annehmen
- Befreiung von Süchten und anderen Abhängigkeiten
- Beziehungen , Sexualität

Zuallererst wird das Element Erde bearbeitet. Hier geht es ganz stark darum, „Ja“ zum Leben zu sagen, sich zu verwurzeln und seine dunkle Seite anzusehen und anzunehmen.
Solange du dich in dieser schwierigen „Erdphase“ befindest, ist es ratsam, vollständig auf Alkohol und Drogen jeder Art zu verzichten.
Es können starke dunkle Energien aufsteigen, die du womöglich als Bedrohung von Außen wahrnimmst. Doch sei dir bewusst, es sind deine Inneren „Dämonen“, die aus dem Dunkel ins Licht aufsteigen wollen, sie wollen gesehen und angenommen werden.
In dieser Phase können immense Ängste emporsteigen, die du nicht kontrollieren kannst, wenn du unter dem Einfluss von Alkohol oder anderen Drogen stehst.
Es ist aber wichtig, dass du diese Ängste aufsteigen lässt, dass du dich ihnen stellst und sie anschaust, denn sie wollen ans Licht geholt werden. Sobald sie im Licht sind, haben die dunklen Kräfte ihren Schrecken augenblicklich verloren.

Du erkennst, dass du vor dir selbst Angst hast, vor deiner eigenen Macht.
Du musst Meister über deine dunklen Kräfte werden, d.h. du musst deine Angst, deine Trauer und deine Wut beherrschen, du musst sie kontrollieren und lenken können und nicht umgekehrt. Sobald du Angst hast, beherrscht sie dich und hat die Kontrolle über dich, du bist ein Spielball deiner eigenen dunklen Macht.
Eine der größten Illusionen ist es, nur das „Licht" zu wollen, nur im Licht das Gute zu sehen.
Vielmehr ist es aber so, dass es ohne Dunkelheit kein Licht gibt, auch in uns nicht. Das bedeutet, wenn wir all unsere dunklen Energien unterdrücken, im Dunkel lassen, dann haben wir auch kein Licht, wir leuchten nicht. Wir wollen nur die schönen Gefühle empfinden, uns dem Licht der Engel zuwenden, die dunklen, weiblichen Energien werden als „schlecht" und „böse" abgetan. Das ist aber nur deshalb so, weil wir die dunklen Gefühle nicht unter Kontrolle haben, weil sie uns beherrschen. Denn Gefühle wie z.B. Zorn und Wut können, wenn sie beherrscht und in die richtigen Bahnen gelenkt werden, Mauern oder Illusionen niederreißen. Wichtig ist es, aus diesem polaren Denken, aus der Dualität auszubrechen, zu erkennen, dass sie dich gefangen und von dir selbst fern hält.
Es gibt keine guten und keine schlechten Gefühle, alle Gefühle sind gleich wichtig und führen uns im Leben. Aber unsere Gefühle dürfen uns nicht beherrschen, auch nicht die sogenannten „guten" Gefühle, wie z.B. die Freude. Nur weil ich Freude empfinde, wenn ich Schokolade esse, kann ich mir nicht den ganzen Tag Süßigkeiten hineinstopfen.
Vergegenwärtige dir hier noch einmal das 5-Elemente-Modell der Wandlungsphasen, welches uns auch die Wichtigkeit eines jeden Elements und somit auch jeden Gefühls zeigt.
(Jedem Element ist auch ein Gefühl zugeordnet z.B. Wasser – Furcht oder Feuer – Lust, Freude)

Du kannst keine Emotion ausschließen, nur weil du sie nicht spüren möchtest. Du musst dich aber auch nicht voll in die Emotion „hineinhängen“. Nein, es reicht, zu spüren : „O.K., ich habe Angst“ Damit hat das Gefühlt bereits seinen Dienst getan. Lass dich also nicht von der Emotion beherrschen, halte sie klein und stelle dich dem Gefühl, z.B. der Angst.
Jede Emotion will dir etwas zeigen und sobald du es angesehen hast, hat sie ihren Dienst getan und du kannst sie wieder gehen lassen. Halte nichts fest, lass immer wieder los.
Im Erd- und im Wasserelement ist die stärkste Emotion die Angst.
Anfangs kann es sein, dass du einige Kämpfe durchzustehen hast, bis der letzte Kampf gefochten ist.
Immer wenn eine Angst auftaucht, ist es wichtig, dir bewusst zu machen, dass etwas in dir ist, wovor du Angst hast, du hast Angst vor dir selbst. Schließlich wirst du erkennen, dass du nichts bekämpfen musst, denn du bekämpfst damit nur dich selbst.
Wenn du auch einige Kämpfe gefochten hast, irgendwann ist es an der Zeit, die Waffen niederzulegen und den Kampf zu beenden. Im Umgang mit unseren Gefühlen hat sich die Arbeit mit dem Inneren Kind bewährt. Das Innere Kind entspricht unserem Unterbewusstsein, wo sämtliche Erfahrungen gespeichert sind. Viele dieser Erfahrungen und Informationen sind unserem Tagesbewusstsein nicht zugänglich, der Mensch wird unbewusst durch sein Unterbewusstsein gesteuert, dadurch agieren wir mechanisch wie Roboter.
Auf einen äußeren negativen Reiz wird ein Programm im Unterbewusstsein aktiviert, das sich unserer Kontrolle entzieht, wir reagieren auf ein und dieselbe Situation immer wieder gleich; das sind unsere negativen Prägungen.
Immer wenn dieses Programm aktiviert wird, reagieren wir wieder wie das kleine Kind, nicht wie ein Erwachsener. Wenn das Programm einmal läuft, können wir es nicht mehr stoppen.

Deshalb konzentriert sich unsere Arbeit darauf, das was in unserem Unterbewusstsein verborgen gespeichert liegt, nach oben ans Licht zu holen. Sobald es im Licht (im 3. Chakra) ist, haben wir die Kontrolle und wir können auf die Situation wie ein Erwachsener reagieren.
Wenn nun das Unbewusste nach oben ins 3. Chakra steigt, muß es dort gereinigt und transformiert werden. Bei diesem Transformationsprozess tauchen gewöhnlich Gefühle wie Hass, Zorn, Wut auf. Nun gilt es, diese Emotionen zu beherrschen.

Inneres Kind

Wie bereits erwähnt, entspricht das Innere Kind unserem Unterbewusstsein, dem was im Dunkeln liegt. Sämtliche Erfahrungen sind hier gespeichert.
Hier sitzen unsere Prägungen, unsere Vorstellungen, unsere Ängste, unsere Dämonen, unsere „Leichen im Keller", unsere Programme, die automatisiert auf einen äußeren Reiz hin ablaufen. Diese Programme sind jedoch kindlicher Natur. Wir müssen also Zugang zu unserem Inneren Kind schaffen, um diese negativen Programmierungen zu transformieren.
Zu diesem Zweck schließe deine Augen und bekunde deine Absicht, Kontakt mit deinem Inneren Kind herstellen zu wollen. Verhalte dich zunächst sehr zurückhaltend, nähere dich sehr vorsichtig und liebevoll. Es kann sein, dass dein Inneres Kind eine Zeitlang braucht, um Vertrauen in dich zu fassen. Lass ihm Zeit und warte, bis es so weit ist, dass es sich dir zeigt und mit dir spricht.
In der Regel zeigt sich das Innere Kind als kleines Kind im Alter von etwa 5-7 Jahren.
Sei dir bewusst, dass du zu einem Kind und nicht zu einem Erwachsenen sprichst.
Das, was das Innere Kind aus tiefstem Herzen wünscht, ist gesehen zu werden. Deshalb sprich zu deinem Inneren Kind: „Ich sehe dich". Das ist für den Anfang genug, kommt euch langsam näher. Wenn dein Inneres Kind verschmutzt ist, so wasche es; wenn es friert, dann gib ihm eine warme Decke. Besuche dein Inneres Kind in regelmäßigen Abständen, frag es, was es gern unternehmen möchte. Du kannst mit deinem Inneren Kind spazieren gehen, Eis essen, kuscheln, . . ., was immer es möchte.
Gib ihm das Gefühl, dass du für sie/ihn da bist, dass du es beschützt und versorgst.

Nehmen wir eine immer wiederkehrende Emotion an, wie z.B. Trauer. Diese Trauer tritt angenommen immer dann auf, wenn du allein bist, wenn dein Partner und deine Kinder nicht bei dir sind. Lass dich nicht vom Gefühl übermannen, geh nicht zu weit in das Gefühl hinein. Stattdessen geh zu deinem Inneren Kind, nimm es in die Arme und sag ihm, dass du für sie/ihn da bist.
Denn dein kleines Mädchen bzw. dein kleiner Junge ist alleine, denn du als Erwachsener bist nicht für dein Kind da. Sag deinem Inneren Kind : „Ich bin da, du bist nicht allein." Und wenn es dein Inneres Kind schon zulassen kann, dann nimm es in die Arme und tröste es.
Das ist Heilung. Wenn du immer wieder zu deinem Inneren Kind gehst, wenn du dich allein und verlassen fühlst, wird dieses Gefühl plötzlich verschwunden sein.
Auf dieselbe Art und Weise kannst du mit jedem Gefühl umgehen.
Wenn du Angst hast, dann sag deinem Inneren Kind: „Komm her, ich bin erwachsen, ich beschütze dich; dir passiert nichts, das lasse ich nicht zu."
Wenn du wütend bist, dann sag deinem Inneren Kind: „Ich verstehe, dass du wütend bist und ich hab dich lieb, auch wenn du zornig bist; weil ich dich immer lieb habe, egal was du tust oder nicht tust, egal was du sagst oder nicht sagst."
Wenn du Schuldgefühle hast, dann geh zu deinem Inneren Kind und verzeih ihm.

Befreiung von Süchten und Abhängigkeiten

Wie schon erwähnt, ist es in der „Erd-Wasser-Phase" besonders wichtig, auf Alkohol und Drogen jeder Art zu verzichten. Denn wenn du Drogen zu dir nimmst, verlierst du die Kontrolle und dunkle Energien und Ängste übernehmen die Herrschaft über dich.

Mir wurde von meiner geistigen Führung aufgetragen, während dieser Phase keinen Tropfen Alkohol zu trinken. Nach und nach kannst du dich aller Suchtmittel entledigen, so z.B. der Zigaretten. Befreie dich von jeglicher Sucht.

So hat z.B. auch weißer, raffinierter Zucker „Suchtpotential". Ersetze ihn durch lebendigen Süßstoff, wie z.B. Rohrohrzucker, Honig- oder Apfelsüße.

Ersetze das raffinierte, weiße Speisesalz (NaCl) durch lebendiges Kristallsalz.

Entschlacke deinen Körper, indem du z.B. eine Saftkur machst oder die Leberkur nach Dr. Clark. Höre hier auf deinen Körper und finde heraus, was ihm guttut. Zwinge deinen Körper zu nichts, geh auf jeden Fall liebevoll mit dir selbst um.

Aufstieg - Abstieg

Im Rahmen unserer spirituellen Entwicklung vollzieht sich im Prinzip immer wieder ein und derselbe Prozess. Jedes TOR beschreibt in diesem Buch einen vollständigen Zyklus.
Es ist von außerordentlicher Wichtigkeit, diesen Prozess zu verstehen, denn wir müssen in jedem neuen Zyklus noch ein Stück tiefer nach „unten" ins Dunkle, Unterbewusste gehen und dieses ans Licht bringen, damit wir das Licht von „oben" aus unserem Höheren Selbst und unserer ICH BIN-Gegenwart integrieren können.
Der Weg zum Licht führt also nur über die Dunkelheit, der Weg zum Höheren Selbst nur über das Innere Kind. Es geht also um den Aufstieg des Inneren Kindes und den Abstieg des Höheren Selbst. Es geht um Erwachsenwerden und Übernahme der vollen Verantwortung für uns selbst. Dazu müssen wir uns aus allen starren Strukturen und Systemen lösen, einerseits aus unserem Familiensystem, andererseits aus dem Gesellschaftssystem, aber auch von religiösen und wissenschaftlichen Dogmen.
Der 1. Schritt in diesem immer wiederkehrenden Prozess besteht darin, dass Dunkles aus dem Unterbewusstsein – aus dem Wurzelchakra und aus dem Sakralchakra – aufsteigt ins Solarplexus-Chakra. Dunkle, weibliche Energien steigen also aus dem 1. und 2. Chakra ins 3. Chakra auf , gelangen hier ans Licht. Das 3. Chakra heißt auch „innere Sonne", hier ist es also bereits hell. Die Dunklen Energien werden im Solarplexus-Chakra transformiert, dabei kann eine Menge an Wut und Ärger freigesetzt werden, welche wiederum gereinigt bzw. „verbrannt" werden müssen. Im 3. Chakra herrscht das männliche Prinzip vor.
Dunkel bedeutet nur, dass es noch im Verborgenen liegt, dass es noch nicht gesehen wurde.
Lassen wir also das Dunkle aus dem 1. + 2. Chakra aufsteigen ins

3. Chakra – dann ist es nicht mehr dunkel, denn im 3. Chakra ist es bereits im Licht.

Themen der unteren 2 Chakren sind z.B. Angst, Verwurzelung (Willst du hier auf der Erde sein?), Sexualität, Missbrauch, Suchtverhalten, familiäre Verstrickungen, karmische Dinge, . . . Hauptthema des 3. Chakras ist Macht und Machtmissbrauch, Angst vor der eigenen Macht, Opfer-Täter-Spielchen, . . .
Wir müssen jetzt aufhören, in der Polarität zu denken – es gibt kein „gut“ und kein „böse“. Keine Emotion ist gut oder böse. So ist z.B. der Zorn eine Kraft, die es vermag, unsere dunklen Emotionen, die aus dem 1. + 2. Chakra aufsteigen, zu „verbrennen“. Und genau dieses „ans Licht holen“ – d.h. ins 3. Chakra heraufsteigen lassen – bedeutet den Aufstieg .

Der Aufstieg im spirituellen Sinn vollzieht sich also in den unteren Chakren !!

Zur Bearbeitung dieser Themen eignet sich in besonderem Maße die Arbeit mit dem Inneren Kind und das Familienstellen nach Bert Hellinger. Oft sind diese Themen so übermächtig, dass wir es alleine nicht schaffen, sie anzusehen und aufsteigen zu lassen, da unsere Angst zu groß ist. Dann benötigen wir professionelle Hilfe, wobei ich mich an dieser Stelle bei Fr. Dr. Heide Starflinger bedanken möchte, die mich durch diese schwere Zeit begleitet hat und mich in Bezug auf Familiensystemik, Demut und Liebe sehr viel gelehrt hat. Danke Heide!

Wenn nun die dunkle Energie dein 3. Chakra erreicht hat, wird sie dort „verbrannt“, gereinigt, geläutert. Mit dieser feurigen Energie kommen auch feurige Energien wie Wut und Aggression zutage. Lasse diese Wut zu, aber lass sie nicht an anderen Menschen aus, sondern nutze diese Wut und lenke sie gezielt auf die zu „verbrennenden“ dunklen Energien in dir.

Meistere deine Wut, lass dich nicht von ihr beherrschen. Nimm wahr, dass sie da ist und dann lenke sie in die Richtung in die du willst. Hierbei kommt es zu einer „Vereinigung“ der dunklen und der hellen Energie. Wenn du keine Wut mehr verspürst, kannst du die Energie weiterziehen lassen Richtung Herzchakra, wo die Vereinigung in Liebe stattfindet – ohne Hass, ohne Wut und ohne Kampf. Das Herzchakra ist der neutrale Punkt, hier löst sich die Dualität auf und wird Eins.

Wir müssen aufhören zu urteilen – über uns und über andere. Jedes Urteil bedeutet das Fehlen von Liebe – zu uns selbst und zu anderen. Also wirf alle Vorstellungen über Bord, wie du zu sein hast, was du zu denken hast, wie du auszusehen hast, . . .

Wir haben richtiggehende Gedankengebäude in uns errichtet - Vorstellungen, die wir in uns aufgebaut haben, wie wir sein sollten und wie unser Leben aussehen sollte. Diese Gedankengebäude, Vorstellungen und Illusionen kannst du auch mit deiner Wut niederreißen, das geht nicht mit „lieb und brav sein“.

Der springende Punkt bei diesem Prozess ist, dass nur so viel göttliche, lichte Energie aus deinem Hohen Selbst bzw. deiner ICH BIN – Gegenwart absteigen kann, wie dunkle Energie aufgestiegen ist. Es muß zu einem Ausgleich der Energien kommen. Der Zugang zum göttlichen Bewusstsein erfolgt NUR über das Unterbewusstsein, über das Innere Kind.

Chymische Hochzeiten

Die chymischen Hochzeiten symbolisieren den alchemistischen Prozess, wobei ein Ausgangsstoff in Gold oder den Stein der Weisen umgewandelt wird.
Dazu müssen einige Stufen durchlaufen werden.
Die „Schwärzung“ bildet den Anfang und versinnbildlicht den Urzustand der Materie. Diese Materie wird als materia prima bezeichnet. Die 2. Phase ist die „Weißung“ (albedo) , dann die „Gelbung“ (citrinitas) und schließlich die höchste Stufe, die „Rötung“ (rubedo)
Wir versuchen nun aber, das Gold oder den Stein der Weisen IN uns herzustellen, nicht im Außen. Auf jeder der 4 Stufen erlebt der Alchemist eine immer intensivere Reinigung, gefolgt von der Verbindung mit dem Feuer jener Stufe (= alchemistische Hochzeit), der Geburt eines neuen Selbstbildes in Form eines „Kindes“ und schließlich dem Tod dieses Selbstbildes. (um zur nächsten Stufe weitergehen zu können)
Auf jeder Stufe reinigt und erweckt das Feuer (die feurige Liebe) den Alchemisten, damit ein größeres Selbstgefühl entstehen kann und sich sein Herz weiter öffnet. Das Feuer ist also der Brennstoff des alchemistischen Werkes. Ist es einmal entzündet, brennt es weiter bis zur Beendigung des Prozesses.

Schwärzung

Auf dieser Stufe brennt das Feuer langsam und mild. Es bringt die Reinigung des Erdelements in uns. Die Schwärzung entspricht der zuvor besprochenen schwierigen „Erdphase".
Sie bedeutet den Eintritt ins dunkle Unterbewusstsein, hier findet die Begegnung mit unseren dunklen Seiten statt. Möglicherweise tritt eine „Weltuntergangsstimmung" auf – und das entspricht genau dem, was jetzt in dir passiert. Du kommst in Kontakt mit deinen inneren Schatten, die sich im Außen als Geister oder Dämonen im Sinne einer Spiegelung zeigen können. D.h. du siehst die dunklen Gestalten im Außen, weil du sie im Inneren nicht ansiehst. Das ist eine Aufforderung an dich, hinzusehen nach innen und deine inneren Dämonen zu erkennen. In dieser Phase befindest du dich im Kampf. Gut kämpft gegen Böse, Engel gegen Dämonen, Licht gegen Dunkelheit. Doch beides ist in dir; manche Kämpfe musst du durchstehen, doch irgendwann ist es an der Zeit, den Kampf zu beenden.

Sieh dir deine „Innere Frau" und deinen „Inneren Mann" an. Jeder Mensch ist weiblich und männlich zugleich, egal welchen Geschlechts du bist. Bekämpfen sich deine Frau und dein Mann? Wird einer von beiden durch den anderen unterdrückt? Erscheint einer von beiden größer als der andere? Arbeite mit deinem Inneren Mann und deiner Inneren Frau solange, bis sie in dir gleichwertig sind, bis sie sich nicht mehr bekämpfen.
Schlußendlich kommt es zu einer Begegnung des Männlichen und Weiblichen im Sinne einer rein körperlichen Vereinigung.
Dann hast du es geschafft, die Reinigung des Erdelements ist abgeschlossen.
Die rein physische, sexuelle Vereinigung ohne Vorhandensein von Gefühlen entspricht der
1. chymischen Hochzeit, die Hochzeit mit der Erdnatur.

Aus dieser Vereinigung entsteht etwas Neues – ein Kind, das Erdenkind, welches der Geburt unseres neuen Selbst entspricht. Doch auch dieses neue Selbst muß sterben, es folgt der Tod des neues Selbstbildes, ein völliges Loslassen. Dieser Tod bedeutet den Abschluß der Schwärzung und den Eintritt in die Weißung.

Weißung

Die 2. Stufe bringt die Begegnung mit dem Mond. Hier wird unsere Seele gereinigt, was im Element Wasser geschieht. Die Seele war ursprünglich frei von weltlichen Eindrücken, von Familie, Umgebung und Gesellschaft.
In dieser Phase lösen wir uns von Verbindungen und Verstrickungen mit Familie und Gesellschaft. Auch partnerschaftliche Themen spielen in der Weißung eine Rolle.
Wir erkennen, dass wir keinen Partner im Außen brauchen, um ganz zu sein. Wir müssen uns mit unserem „inneren Partner" versöhnen. Wie bei der Schwärzung erfolgt auch hier die Vereinigung von Männlich und Weiblich IN uns in Form einer Hochzeit. Diese Liebe auf Stufe der Weißung wird als romantische Liebe empfunden. Das ist der Partner, den wir schon immer gesucht haben, wir sind sehr verliebt und schweben im 7. Himmel.
Mit dieser Erkenntnis können wir uns aus partnerschaftlichen Abhängigkeiten befreien.
Wenn wir nur mit einem Partner im Außen „ganz" sind, zeigt uns das unsere Abhängigkeit; dann haben wir Angst, verlassen zu werden, weil wir dann wieder ein „halber Mensch" sind.
Doch jeder Mensch ist in sich ganz. Wenn wir das verstehen, können wir unseren Partner, unsere Familie usw. loslassen und frei - ohne Abhängigkeit - zusammenleben.
Der Weg nach innen ist oft einsam und verlangt große Kraft und Ausdauer. Doch in der Weißung steigt die Seele empor und erkennt ihre eigene Essenz, indem sie sich ihrer selbst bewusst wird.
Das Feuer der 2. Stufe ist wesentlich intensiver als das der 1. Stufe, obwohl die Alchemisten es als „gemäßigt, wie die Sonne im Juni" beschreiben.
Wenn die Reinigung im Wasserelement – der Gefühle – abgeschlossen ist, kommt es wiederum zu einer Vereinigung – der 2. chymischen Hochzeit.

Diese 2. chymische Hochzeit entspricht einer Hochzeit, wie wir sie uns vorstellen. Wir haben einen Menschen gefunden, den wir lieben, es ist eine Hoch-Zeit der Gefühle, du schwebst auf Wolke 7. Doch du hast diesen Partner IN dir gefunden, deine männliche und weibliche Seite vereinen sich in Liebe. Das Ziel der Vereinigung ist Eros, nicht Sex wie im Erdelement.
Aus dieser Vereinigung entsteht wiederum ein Kind – das Mondkind.
Die „alte Seele" ist gestorben und eine „neue Seele" ist geboren worden. Du hast eine völlig neue, unschuldige Seele erhalten. Dieses Mondkind ist vollkommen rein, ganz leer, unschuldig und ohne Belastungen. Das Selbst identifiziert sich nun mit seiner Seelennatur.
Doch auch dieses Mondkind muß sterben, um in die nächste Stufe eintreten zu können.
Nach dem Tod des Mondkindes folgt die 3. Stufe, die Gelbung.

Gelbung

Der Tod des Mondkindes bedeutet den Tod unseres EGOs. Alles, was du denkst, das du bist, muß losgelassen werden. Dieser Tod bedeutet das Ende des Einflusses des Mondlichts, das Bewusstsein wandelt sich zum Sonnenlicht.
Auf dieser Stufe werden die „wässrigen" Elemente – die gefühlsbetonte Liebe – gereinigt und losgelassen. ALLE Gefühle müssen losgelassen werden, auch die von uns als „positiv" empfundenen, wie Liebe oder Freude; denn auch sie binden uns. Das fällt uns Menschen sehr schwer, denn wir sind „Gefühlsjunkies". Doch Liebe ist viel mehr als Gefühle.
Wichtig dabei ist, dass die 1. Stufe der Liebe – die Sexualität – und die 2. Stufe der Liebe – die romantische Liebe mit Gefühlen – bestehen bleiben, wenn wir weitergehen ins Sonnenlicht.
Wir erarbeiten uns einen „höheren" Aspekt der Liebe dazu zu den schon bestehenden Aspekten aus der Schwärzung und der Weißung. Das heißt du kannst ohne Angst deine ganzen Gefühle loslassen und dich von ihnen befreien. Auch die „Sucht" nach romantischer Liebe bedeutet Abhängigkeit.
Das Sonnenlicht bringt Zugang zu innerem Wissen, welches nicht in Frage gestellt werden muß, weil es Wahrheit ist. In der Gelbung ist die anima-Figur z.B. die göttliche Jungfrau, der animus z.B. ein Engel, Geistführer oder ähnliches.
Die Liebe beruht auf Hingabe.
Hier sind keinerlei Gefühle im Spiel, die 3. chymische Hochzeit ist rein geistig und erfolgt im Feuerelement.
Aus dieser Verbindung geht wiederum ein Kind hervor, das Sonnenkind.
In diesem Zustand haben wir uns aus der Abhängigkeit der Gefühle, welche durch das Wasserelement symbolisiert werden, befreit.
Die Geburt dieses Sonnenkindes bringt viel Licht und Freude in

unser Leben, wir beginnen zu strahlen. Im Laufe der ersten 3 Stufen ist viel Unterbewusstes aufgestiegen, ans Licht gekommen. Nun folgt wieder ein Tod, damit wir weitergehen könen. Jeder spirituelle Tod bedeutet ein Loslassen. Alles, was uns in irgendeiner Art und Weise von unserer Freiheit trennt, muß losgelassen werden. Damit können Personen, Dinge, Ansichten, Meinungen, Gefühle u.v.m. gemeint sein.
Schau nach in deinem Leben, wo du noch unfrei bist und befrei dich davon.

Die aufgestiegene Meisterin der Freiheit ist ROWENA

Meisterin Rowena, eine Inkarnation von Aphrodite, der griechischen Göttin der Liebe und Schönheit, ist die große Meisterin der Freiheit. Auf ihren früheren Erdenwegen erfuhr sie den Schmerz und die Ungerechtigkeit der Welt. Sie blieb jedoch sich selbst und den göttlichen Kräften treu, trotz der Einsamkeit, des Unverstandenseins und der Strafen, die sie auf sich nahm und zu erleiden hatte. Sie machte die Erfahrungen von Macht und Ohnmacht, von Freiheit und Unfreiheit, von Pracht und Armut, um die Kräfte der Freiheit in sich ins Gleichgewicht zu bringen und vollkommen in sich zu entwickeln.
Sie fordert dich auf, die innere Kraft in dir zu entwickeln, die Fesseln zu sprengen, die dich lähmen, die Muster hinter dir zu lassen, die dir nicht mehr dienen, die Verträge zu lösen, die dir nicht mehr hilfreich sind. Vergiß die Gedanken , die andere Menschen sich machen, wenn sie dir nicht gut tun. Achte nicht darauf, wenn Menschen über die Schritte, die du zu dir selbst unternimmst, lachen. Achte nicht auf die ungerechte Behandlung von außen, die aus Unwissenheit geschieht.

Konzentriere dich auf dein Herz. Schließe Freundschaft mit dir selbst. Reiche dir die Hand und versöhne dich mit dir. Vergib dir

Fehler, die du gemacht hast. Sie waren da, damit du daran wachsen konntest. Söhne dich ganz und gar mit dir aus. Die Erfahrungen deiner Vergangenheit haben dir gedient, danke ihnen und gehe weiter.
Gebet:

Ich bin ein Kind des Lebens nach mir selbst.
Mein Blick geht nach vorn.
Ich möchte die Bindungen (oder Verträge)
mit . . . (Menschen, Dinge, Zustände) auflösen.
Sie dienen mir nicht mehr.

Göttliche Kraft,
gib mir den Mut,
das zu ändern, was ich ändern kann,
das hinzunehmen, was nicht zu ändern ist,
und die klare Kraft der Unterscheidung
des einen vom anderen.

Affirmation:
Alles, was mein Wachstum blockiert, geht jetzt.
So sei es!
Meine Gedanken sind frei ! Meine Gefühle sind frei ! Mein Leben ist frei!
Ich bin ich. Ich bin die/der ich bin. Ich bin ewig frei, jetzt.
So sei es!
Die Flamme des Göttlichen leuchtet in mir und durch mich.
Freiheit für alle und alles!

Text aus: Die Gegenwart der Meister, Jeanne Ruland
Wenn du Meisterin Rowena rufst und um Hilfe bittest, ist sie augenblicklich hier. Verbinde dich mit ihr und ihrer Kraft – sie unterstützt dich bei Befreiung jeder Art.

Schau z.B. in deinem Leben nach, welche Versprechen du gegeben hast. Schau dir die bewusst ausgesprochenen Versprechen an und auch die unbewussten Versprechen. Kannst du sie halten? Willst du sie halten ? Engen sie dich ein? Engst du damit jemanden ein ? Was war die Motivation des Versprechens?
Du wirst erkennen, dass du gar nichts versprechen kannst; Jedes Versprechen bringt Unfreiheit. Weiters entstehen durch das Brechen eines Versprechens Schuldgefühle.
Löse jedes Versprechen auf!! Befreie dich von den Versprechen, die du gegeben hast und die dir gegeben wurden, denn auch diese machen dich unfrei.
Wenn dir z.B. jemand verspricht, dass du seine einzige Liebe bist, wirst du Schuldgefühle entwickeln, wenn du auch noch jemanden anderen liebst außer die Person, die dir dieses Versprechen gegeben hat.

Rötung

Die 4. chymische Hochzeit wird nicht mehr personell erlebt, nur noch als Vereinigung von Gegensätzen, von Dunkelheit und Licht, von Weiblich und Männlich.
Sie erfolgt im Luftelement. Aus dieser Vereinigung entsteht das Sternenkind.
Dieses Kind ist von außerordentlicher Reinheit, Klarheit, Strahlkraft, Schönheit und Liebe.
Das Sternenkind symbolisiert die bedingungslose Liebe. Diese Liebe ist, wie der Name bereits sagt, an keine einzige Bedingung gebunden; diese Liebe ist auch nicht an Worte, Aussehen, Taten o.ä. gebunden, sie ist vollkommen frei.
Die bedingungslose Liebe IST einfach, sie braucht keinen Grund oder Berechtigung für ihre Existenz. Diese Liebe urteilt nicht und ist ewig.
Unsere „irdische" Liebe, welche wir Menschen als Liebe bezeichnen, entspricht der romantischen Liebe der 2. chymischen Hochzeit. Diese Liebe ist ganz stark mit Gefühlen verknüpft. Doch nur wenn wir die Gefühle loslassen, sind wir frei und ist unsere Liebe frei. Nur dann können wir bedingungslos lieben.

Wir kennen nun 4 Stufen der Liebe:

1.chymische Hochzeit: Sexualität
2.chymische Hochzeit: romantische, gefühlsbetonte Liebe
3.chymische Hochzeit: geistige Liebe, Hingabe
4.chymische Hochzeit: bedingungslose Liebe

Diese 4 Stufen der Liebe existieren parallel, sie repräsentieren nur verschiedene Entwicklungsstufen der Liebe. Wir können also alle 4 Stufen der Liebe gleichzeitig leben.

D.h. wenn wir bedingungslos lieben, können wir auch die romantische und die sexuelle Liebe leben, nur eben in Freiheit.

Göttliche Liebe hat sich von den Gefühlen befreit; diese Liebe ist nicht abhängig davon, selbst geliebt zu werden. Sie ist am ehesten noch als Achtung vor allem Leben zu beschreiben.
Diese Liebe gilt ALLEM, nicht nur wenigen Personen oder Dingen. Sie liebt auch das Dunkle, sie urteilt nicht. Mit der Geburt des Sternenkindes hast du die bedingungslose Liebe zu dir selbst entwickelt. Erst jetzt kannst du auch andere Menschen so lieben, wie sie sind.
Nur in dem Maße, wie du dich selbst liebst, kannst du auch andere lieben.

Durch die 4 chymischen Hochzeiten haben wir unser Sternentetraeder, unsere MerKaBah, aufgebaut. Durch die Vereinigung von Männlich und Weiblich in jedem Element entsteht der Kreis in der Mitte des Siegel Salomos. Der Kreis symbolisiert unser Herzchakra.
Damit ist das 1. Tor vollkommen geöffnet und es erfolgt nun der Übertritt in die nächste Dimension.

Dualität – Sinusschwingung

Die Sinusschwingung ist Ausdruck der Dualität, Leben ist Dualität, Leben ist Sinusschwingung.

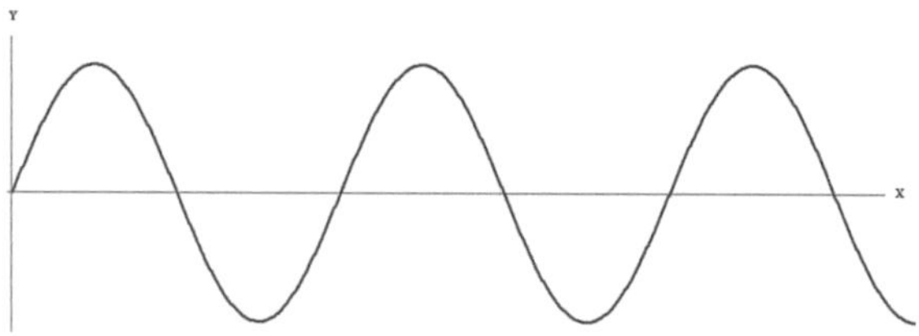

Abb. 9

In dem Maße, in dem wir uns nach „oben“ – ins Licht bewegen, bewegen wir uns auch „hinunter“ – in die Dunkelheit. Am Anfang muß eine Abwärtsbewegung durchgeführt werden, zuerst müssen wir in die Dunkelheit, zum Weiblichen, zur „Mutter“, um dann die gegensinnige Bewegung nach „oben“ zum Männlichen, zum „Vater“ auszuführen. Wir haben ja auch schon gesehen, dass wir nur über das Unterbewusste zu unserem Überbewusstsein gelangen. Viele Menschen möchten nur im „Licht“ sein, möchten immer fröhlich sein, immer auf Wolke 7 schweben. Aber so wie nach dem Sonnenschein wieder Regen kommt, kommt nach einer „Hoch-Zeit“ auch wieder eine „Tief-Zeit“. Das ist auch notwendig, denn Leben ist in der 3. und 4. Dimension istnur so möglich.

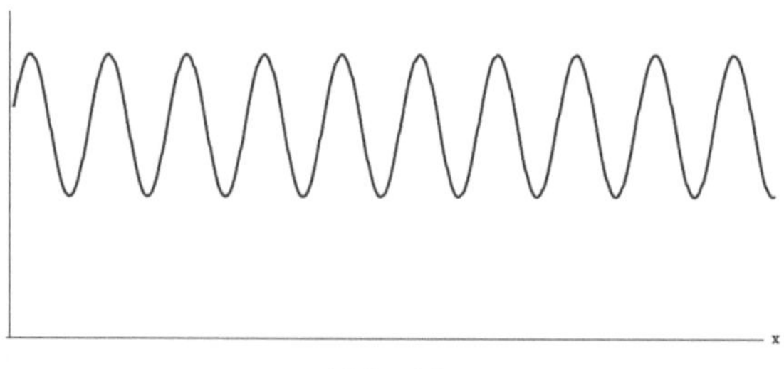

Abb. 10

Ein Kurvenverlauf wie in Abb. 10 ist mit dem Leben nicht vereinbar, zum Leben gehört Licht und Dunkelheit; Sonnenschein

und Regen, Freude und Trauer, Männlich und Weiblich, Geburt und Tod. Diese Gegensätze sind in Wahrheit EINS, Licht ist gleich Dunkelheit, Geburt ist gleich Tod.
Nach jedem spirituellen Tod und nach unserem irdischen Tod werden wir wiederum neu geboren, Tod und Geburt sind untrennbar miteinander verbunden.
Wenn wir „JA“ zum Leben gesagt haben, müssen wir auch die Sinusschwingung des Lebens anerkennen und mit ihr schwingen. Gegen diese Schwingung zu kämpfen, bedeutet Leid.
Um uns voller Vertrauen in die Schwingung des Lebens begeben zu können, müssen wir also verstanden haben, dass Dunkelheit gleich Licht ist; ohne Dunkelheit gäbe es kein Licht und ohne Licht keine Dunkelheit. Ohne den Tod gäbe es keine Geburt und ohne Geburt keinen Tod und somit kein Leben.
D.h. wir müssen uns unsere eigenen Schatten anschauen und annehmen, indem wir nicht mehr urteilen. Du musst nicht nur „gut“, „lieb“ und „licht“ sein. Jeder Mensch hat auch dunkle Seiten in sich, was nicht gleichbedeutend ist mit „schlecht“. Dunkel ist es nur, weil es unterdrückt wird, nicht angesehen wird und nicht angenommen wird.
Erkenne, dass alles Dunkle, das dir im Außen in deinem Leben widerfährt, dein Inneres spiegelt. Diese Spiegelung im Außen ist eine Aufforderung, diese dunkle Seite in dir anzusehen.

Wenn du z.B. mit gewalttätigen Menschen zu tun hast, dann schau deine eigenen unterdrückten Aggressionen an. Erkenne, dass du diese Aggression und Wut in dir hast, nimm sie an und sie wird im Außen verschwinden. Wir müssen diese dunklen Emotionen meistern, d.h. wenn du deine Wut erkannt hast, musst du lernen, diese Wut auch zu beherrschen und zu lenken. Aber es ist natürlich bequemer, das Opfer zu spielen, denn dann bekommt man in unserer Gesellschaft Mitleid. Der Täter ist der „Böse“ und erntet Verachtung. Aber du musst aus der Opferrolle aussteigen, das Spiel

beenden und deine Wut ansehen. Mit diesem Schritt verlierst du jedoch Beachtung von seiten der Gesellschaft. Du verlierst deinen „Krankheitsvorteil".
Weiters kommt hinzu, dass du dann deine Wut spürst und selbst womöglich zum „Täter" wirst und danach sogar von der Gesellschaft verurteilt wirst. Um diesen Schritt zu tun, brauchst du viel Mut, doch geh ihn, er führt in die Freiheit.

Nur in dem Maße, in dem du deine dunklen Energien meistern kannst, kommst du in Kontakt zu den „lichten" Energien. Spiritualität bedeutet nicht, abgehoben zu sein, in irgendwelchen Sphären mit Engeln zu schweben – nein – Spiritualität bedeutet, mit dem Leben zu fließen - Aufstieg des Unterbewussten und Abstieg des Überbewussten.
Also begib dich in die Sinusschwingung, fließ mit dem Leben.
Anfangs schwingen wir noch sehr niederfrequent (Abb. 11), was wir im allgemeinen als „niedere Schwingung" bezeichenen. Diese Schwingung ist oftmals noch disharmonisch.

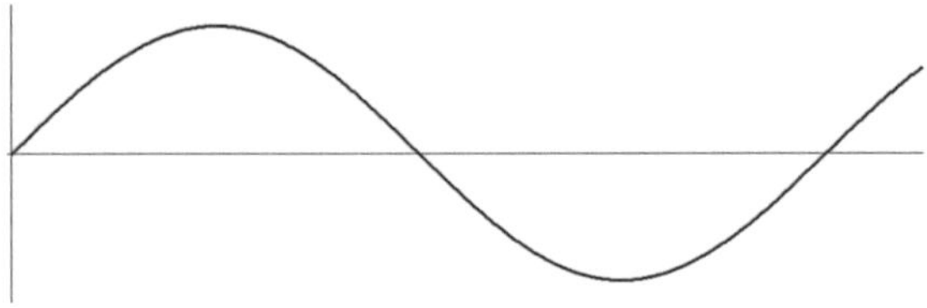

Abb. 11

D.h. wir befinden uns lange Zeit auf der „lichten" Seite (oben) , d.h. wir leben auf der „Sonnenseite". Alles läuft so, wie wir es uns wünschen, wir sind glücklich.
Doch nach dem Gesetz der Sinusschwingung folgt irgendwann der Abstieg nach „unten" – und zwar ganz genau so weit hinunter wie du „oben" warst. Das bedeutet, der Absturz ist umso tiefer, je höher du oben warst. Wenn du nun sehr lange Zeit „oben" auf der Sonnenseite des Lebens verbracht hast, wirst du nach dem „Absturz" auch lange auf der „Schattenseite" des Lebens sein.

Im Laufe unserer spirituellen Entwicklung verkürzt sich der Abstand zwischen zwei aufeinanderfolgenden Hoch-Zeiten bzw. Tief-Zeiten, d.h. unsere Frequenz erhöht sich (Abb. 12).

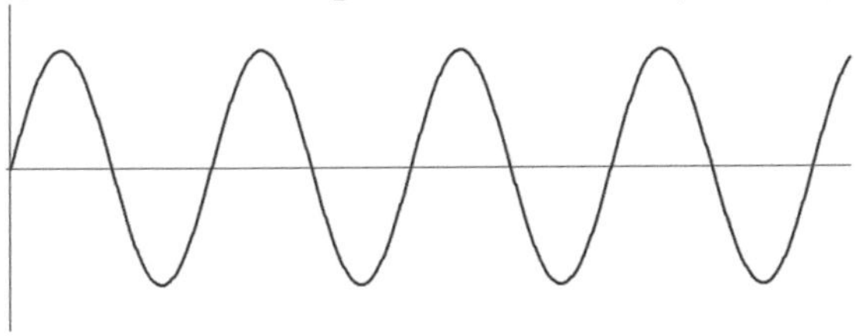

Abb. 12

Wir sind nicht mehr so lange auf der Sonnenseite und nicht mehr so lange auf der Schattenseite. Je höher die Frequenz wird, desto mehr „vermischen" sich die beiden Seiten.
Ziel unserer Arbeit ist es, Licht und Dunkelheit zu vereinen, damit die Frequenz ständig steigt. Anfangs vereinen wir Weiblich und Männlich in jedem Element im Sinne der chymischen Hochzeiten. Die 1. chymische Hochzeit ist dabei die Schwierigste, weil die Vereinigung im „Erdelement" am schwersten ist. Die 2. chymische Hochzeit vollzieht sich bereits schneller. Warum?
Weil deine Frequenz durch die 1. chymische Hochzeit bereits größer ist und sie steigt mit jeder Vereinigung fortwährend an.
So schwingst du nach der 1. chymischen Hochzeit bereits schneller - in etwa so wie in Abb. 12 dargestellt.

Somit erhöht sich deine Frequenz, deine Schwingung, laufend.

Aber nicht nur die Frequenz erhöht sich, sondern auch die Amplitude, also die Höhe der Ausschläge nach oben und unten.
Mit jeder Vereinigung der Gegensätze wird die neutrale Nulllinie breiter, d.h. dein Herzchakra öffnet sich immer mehr. (Abb. 13)

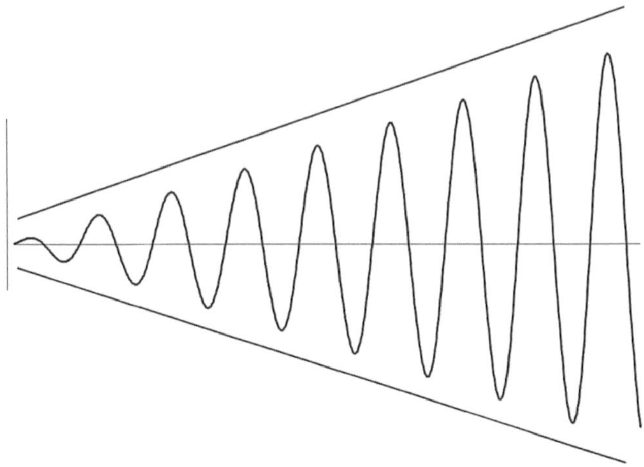

Abb. 13

Der Neutrale Punkt – unser Herzchakra – wird immer weiter, bis es schließlich vollständig geöffnet ist, dann hast du die Wahre Liebe in dir entwickelt.

Die Wahre Liebe kannst du nicht finden, die Wahre Liebe musst du entwickeln !

Wir gehen also stufenweise immer wieder einen Schritt weiter nach unten, holen das Dunkle herauf; danach gehen wir einen Schritt weiter nach oben und holen das Licht herunter. Im Neutralen Punkt erfolgt die Vereinigung.

Wechsel in die 4. Dimension

Nun kommen wir zu einem weiteren wichtigen Punkt, nämlich zur Rotation.
Die Sinusschwingung, die wir bis jetzt durchgeführt haben, verläuft linear.
So ist auch unser Denken: linear und chronologisch.
Wir müssen nun aber in die Kreisbewegung, in die Spiralbewegung kommen.
Wir müssen erkennen, dass unsere lineare Zeit eine Illusion ist. Es gibt weder einen Anfang noch ein Ende. So hat Jesus Christus gesagt: Ich bin das Alpha und das Omega, also der Anfang und das Ende. Wie geht das ? Jesus Christus ist nicht linear, er ist kreisförmig. Der Kreis beinhaltet sowohl Anfang als auch Ende.
In der 4. Dimension müssen wir unseren „Inneren Christus" verwirklichen, jeder Mensch ist Sohn Gottes, jeder Mensch kann in die Kreisform kommen.

Der Wechsel in die 4. Dimension vollzieht sich durch eine 90-Grad-Drehung

Die erste 90-Grad-Drehung vollzieht sich nach Abschluss aller 4 chymischer Hochzeiten, also nachdem du durch das 1. Tor (Siegel Salomos) gegangen bist.

Die zweite 90-Grad-Wendung vollzieht sich nach Durchschreiten des 2. Tores usw.
Durch mehrfache 90-Grad-Wendungen kommt es nicht nur zu einer Rotationsbewegung, sondern zu einer

Spiralbewegung, in welcher das Leben in der 4. Dimension fließt.

Diese Spiralbewegung lässt sich anhand der „Goldenen Spirale“ darstellen.
Die Quelle der Spirale nach dem goldenen Schnitt ist ein am Goldenen Schnitt orientiertes Rechteck – das Goldene Rechteck.

Der Goldene Schnitt ist ein bestimmtes Verhältnis zweier Zahlen oder Größen:
Zwei Strecken stehen im Verhältnis des Goldenen Schnittes, wenn sich die größere zur kleineren verhält wie die Summe aus beiden zur größeren.

Der Wert beträgt etwa 1,618 (= goldene Zahl Phi)
Ein Rechteck, dessen Seitenverhältnis dem Goldenen Schnitt entspricht, nennt man

Goldenes Rechteck:

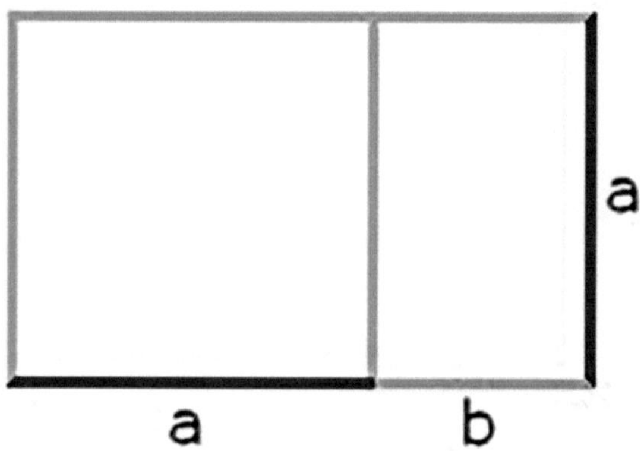

Abb. 14

Das Rechteck mit den Seiten a und b entspricht genau dann dem Goldenen Schnitt, wenn das auch für das Rechteck mit den Seiten a+b und a der Fall ist.

Ein Goldenes Rechteck lässt sich daher stets in ein kleineres, ebenfalls Goldenes Rechteck und ein Quadrat zerlegen.

Goldene Spirale

Ein Goldenes Rechteck lässt sich in ein Quadrat und ein weiteres Goldenes Rechteck zerlegen. Durch wiederholte Teilung erhält man eine Figur, in die sich eine gewisse logarithmische Spirale einzeichnen lässt, die Goldene Spirale.

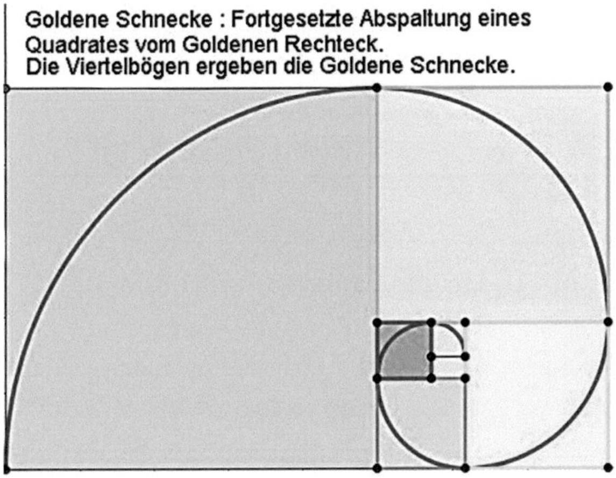

Abb. 15

Es gibt zwei Arten von Energien, die durch ein Goldenes Rechteck fließen. (Abb. 16)

Die eine Energie sind die Diagonalen, die die Quadrate durchqueren und dabei 90-Grad-Winkel beschreiben (in Schwarz). Das ist die männliche Energie.

Die weibliche Energie ist die Linie, die sich in Richtung Zentrum immer weiter einrollt (in Grau) – die Goldene Spirale.

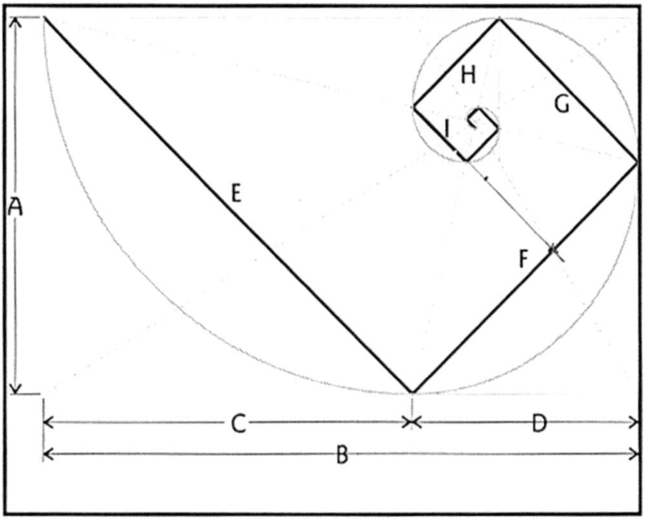

Abb. 16 Quelle: Drunvalo Melchizedek

Eine Spirale, die sich nach dem Goldenen Schnitt orientiert, geht auf immer und ewig weiter nach innen. Und sie geht auch für immer nach außen weiter, denn man kann die längste Linie eines Rechtecks nehmen, das dem Goldenen Schnitt entspricht, ein Quadrat erstellen, um ein größeres Rechteck nach dem Goldenen Schnitt zu erhalten. So kann man ewig fortfahren.

Ein Rechteck nach dem Goldenen Schnitt und ebenso die Goldene Spirale haben also keinen Anfang und kein Ende. Man könnte sagen, sie sind unsterblich.

In der 3. Dimension haben wir als Grundlage der Natur nicht die Goldene Spirale, sondern die Fibonacci-Spirale, denn in der 3. Dimension gibt es einen Anfang und ein Ende. In der 3. Dimension gibt es Zeit und Raum. In der 4. Dimension lösen sich Zeit und Raum mit der Goldenen Spirale auf.

Abb. 17

3. Tor mit goldendem Rechteck

Diese Spiralbewegung sehen wir auch in Form unserer Milchstraße, welche eine Balken- Spiralgalaxie ist.

Abb.18 Quelle: NASA/SPL, R. Hurt

Auch unsere spirituelle Entwicklung hat kein Ende. Wir sollten uns nicht zurücklehen und sagen:" Ich bin jetzt erleuchtet". Nein, die Entwicklung schreitet stetig voran. Die „Erleuchtung" als Endpunkt ist eine Illusion.

Wenn du es jedoch geschafft hast, in diese Spiralbewegung einzutreten (durch den Sprung in die 4. Dimension durch das 1. Tor), so brauchst du nur mehr mit dieser Bewegung zu fließen.

Der Wechsel in die 4. Dimension vollzieht sich also wie besprochen durch eine 90-Grad-Drehung. Wir existieren in mehreren Di-

mensionen gleichzeitig, wir sind multidimensionale Wesen.
Die erste 90-Grad-Drehung geschieht nach vollständiger Integration des Siegel Salomos, nach den 4 chymischen Hochzeiten. Durch die 4 chymischen Hochzeiten ist in der Mitte der beiden Dreiecke ein Kreis entstanden. Dieser Kreis verbindet alle 4 Elemente, durchdringt sie.
Es ist ein neues Element entstanden,der Äther.
Dieser Äther ist das Tor in die 4. Dimension.

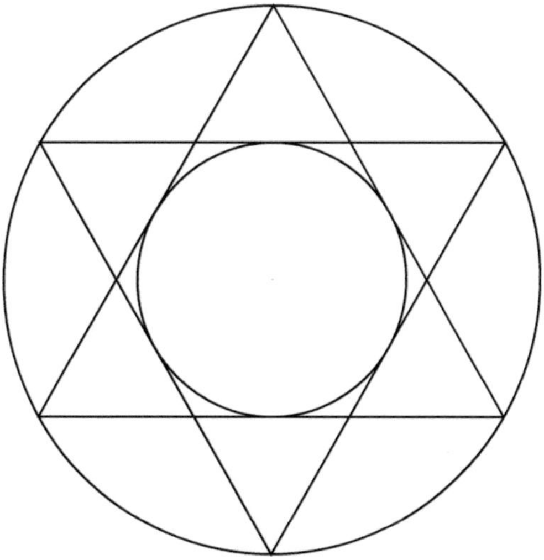

Abb. 19

Nach vollzogenem Durchgang durch dieses Tor folgt die 90-Grad-Drehung, wir sind in der Spiralbewegung. Das Gesetz der Sinusschwingung bleibt jedoch bestehen.
Das heißt, die Bewegung nach unten und nach oben geht so lange weiter, bis das Herzchakra vollständig geöffnet ist. Du bist nun so lange in der 4. Dimension, bis du diese vollständige Öffnung deines Herzchakras erreicht hast. Damit hast du die Wahre Liebe, die Weibliche Trinität, in dir verwirklicht.

Abb. 20 Quadratur des Kreises

In der 4. Dimension gibt es nun 12 Tore, die du passieren musst. Das 1. Tor hat dich von der 3. in die 4. Dimension gebracht, das 13. Tor bringt dich von der 4. in die 5. Dimension.
Ziel der 3. Dimension ist es, Gegensätze zu vereinen und dadurch den Kreis, den Äther zu erschaffen.
Ziel der 4. Dimension ist die Dreifaltigkeit und die Erschaffung der göttlich-weiblichen Trinität, die vollständige Herzensöffnung und die Verwirklichung der Wahren Liebe.
Mit der 5. Dimension kommen wir in die Einheit.

Quadratur des Kreises

Ausgangspunkt ist das Siegel Salomos (Hexagramm)
Wir nehmen nun ein 2. Hexagramm und drehen es um 90 Grad. Danach legen wir es über das 1. Siegel Salomos. Nun ist ein Symbol mit 12 Ecken entstanden.

Weiters sehen wir, dass der Kreis in der Mitte, der unser Herzchakra darstellt und dem Äther entspricht, nun in einem Quadrat zu liegen kommt ! (Abb.20)

Um die Bedeutung der Quadratur des Kreises zu verstehen, müssen wir uns mit dem Konzept der Weltseele (anima mundi) auseinandersetzen.
Die Weltseele ist ein dem christlich-männlichen Gott ebenbürtiges weiblich-göttliches Prinzip.
In der Kabbalah erscheint sie als sog. Schechina bzw. Shekinah; im Hinduismus als Shakti.
So wie das Siegel Salomos ist auch die Weltseele spiegelbildlich und durch Ambivalenz und Zweiheit charakterisiert. Das Wesen der Weltseele entspricht ihrem Zustand VOR Erlösung durch den Menschen.
Die herausragendste geometrische Eigenschaft der Weltseele ist ihre Rundheit.
Sie erscheint als das durch die natürliche Teilung des Kreises (Hexagon) definierte Siegel Salomos. Hier erkennen wir die übergeordnete Bedeutung des Kreises im Hexagramm – er entspricht also sowohl dem Äther als auch der alchemistischen Weltseele.
Alchemistisch gesehen ist die Rundheit identisch mit dem Element Wasser.
Wenn dieses himmlische Wasser vom Geist belebt wird, gerät es in kreisende Bewegung und daraus entsteht die vollkommene Kreisform der anima mundi.

Diese Rotation wird aber erst erreicht, wenn die Vereinigung des Männlichen mit dem Weiblichen stattgefunden hat.
Die Weltseele bringt einerseits die Erlösung, andererseits ist sie erlösungsbedürftig. Die erlöste Weltseele wird durch die Rotation dargestellt.
Die Erlösung erfolgt durch die conjunctio, die Vereinigung des weiblich - göttlichen mit dem männlich-göttlichen Prinzip.

Wenn die Conjunctio erreicht ist, findet ein Austausch der Attribute statt: Physisches wird psychisch und gleichzeitig wird Psychisches physisch.
Dieser letzte Prozess wird durch den Umstand dargestellt, dass sich die Weltseele vom Kreis in das Quadrat, von der Kugel in den Kubus entwickeln will: die Quadratur des Kreises.

Wenn die erste große „Grundvereinigung" durch die 4 chymischen Hochzeiten vollzogen ist, erfolgt die 90-Grad-Drehung und ein neuer Zyklus beginnt.
Dieser neue Zyklus wird ebenfalls in Form des Hexagramms durchlaufen.
Den Anfang nimmt der neue Zyklus wiederum im Wurzelchakra, wobei dieses nun aber nach unten „ausgedehnt" werden muß, d.h. du musst tiefer hinuntertauchen in dein Unterbewusstes.
Es ist außerordentlich wichtig, dass du dich immer und immer wieder erdest, denn viele von uns wollen gar nicht auf der Erde sein. Du kannst symbolisch einen Baum pflanzen, den du hegst und pflegst. Das muß kein „echter" Baum sein, nein, pflanze ihn in deinem Inneren und lass die Wurzeln tief in die Erde eindringen, bis du genug Halt hast. Er soll fest in der Erde stehen und allen Widrigkeiten trotzen. Verbinde dich intensiv mit dem Element Erde.

Die Vereinigungsprozesse im 2. Zyklus (2.Hexagramm) werden nicht mehr wie „Hochzeiten" empfunden, es geht hier um Ver-

einigung von Gegensätzen und inneren Konflikten jeder Art. Es treten hier übergeordnete Themen auf wie Konflikte zwischen Religionen, Völkern, usw.
Du musst zu deiner Wahrheit finden und sie leben. Ein weiterer Ausgleich von Polaritäten findet statt. Es ist mir an dieser Stelle ein Anliegen, nochmals zu betonen, wie wichtig es ist, mit dem Urteilen aufzuhören. Jedes Urteil ist polar, bedeutet ein Fehlen an Liebe und hindert dich an deiner Entwicklung. Schau dir die unterschiedlichen Religionen an: Jede Religion sieht einen Teil der ganzen Wahrheit, keine hat absolut recht. Und doch übermittelt jede Religion einen Teil der Wahrheit.

Die zusätzlichen Ecken des 2. Hexagramms symbolisieren sowohl zusätzliche Elemente als auch zusätzliche Chakren. Diese neuen Chakren liegen in einem Winkel von 90 Grad in Bezug auf die „alten" Chakren.

Patrizia Pfister benennt die 12 Chakren in ihrem Buch „Weckruf für die Menschheit" wie folgt:

1. Wurzelchakra
2. Sakralchakra
3. Sonnenchakra
4. Herzchakra
5. Halschakra
6. Stirnchakra
7. Kronenchakra
8. Polaritätschakra
9. Harmoniechakra
10. Wissenschakra
11. Klarheitschakra
12. Veränderungschakra

Im 2. Zyklus entsteht beispielsweise ein neues Element, das FLUIDUM.

Du kannst dir das Fluidum in etwa so vorstellen wie eine Mischung aus Wolken und Wasser.
Es ist „leichter“ und sanfter als Wasser. Das Fluidum ist die neue Grundlage im Fluß des Lebens. Begib dich also ins Fluidum und fließ mit dem Leben.

Ein weiteres neues Element ist z.B. das Kristall-Element.
Hier werden Informationen gespeichert und abgerufen.
Begrenzungen von Raum und Zeit lösen sich in der 4. Dimension auf.
Um diese Vereinigung der Elemente zu ermöglichen, muß wieder ein Ausgleich zwischen den einzelnen Elementen stattfinden, eine weitere Reinigung. Kein Element ist wichtiger oder besser als das andere, alle Elemente müssen gleich stark sein und die gleiche Wertigkeit besitzen. Arbeite mit deinen Elementen, reinige sie, schicke ihnen Liebe.
Erst wenn der Ausgleich geschaffen ist, kann die Vereinigung stattfinden und der 2. Zyklus abgeschlossen werden.

Die Vollendung des 2. Zyklus bedeutet die Quadratur des Kreises, die Erlösung der Weltseele, die Geburt des Christus in uns.

Wenn du das zweite Hexagramm vollständig in dir entwickelt hast und der Kreis quadriert ist, zeichnen wir nun wieder je einen Kreis in die zusätzlichen 6 Ecken des 2. Hexagramms.
Es entsteht nun eine geometrische Figur, die ich „Neues Jerusalem“ nenne.

Abb. 21 Neues Jerusalem
Innerer Christus

2. TOR

ICH-BIN-Gegenwart
Neues Jerusalem
Innerer Christus

Offenbarung des Johannes
21 1-3

Und ich sah einen neuen Himmel und eine neue Erde; denn der frühere Himmel und die frühere Erde waren vergangen und das Meer ist nicht mehr. Ich sah auch die heilige Stadt, das Neue Jerusalem, von Gott aus dem Himmel herabkommen, bereitgemacht wie eine für ihren Mann geschmückte Braut.
21 11-14
Ihr strahlender Glanz war gleich einem überaus kostbaren Stein, wie ein Jaspisstein, der kristallklar leuchtet. Sie hatte eine große und hohe Mauer und hatte 12 Tore und an den Toren 12 Engel, und Namen waren darauf geschrieben, welche die der 12 Stämme der Söhne Israels sind. Von Osten waren es 3 Tore, und von Norden 3 Tore und von Süden 3 Tore und von Westen 3 Tore. Die Mauer der Stadt hatte auch 12 Grundsteine und darauf die 12 Namen der 12 Apostel des Lammes.
Der nun, der mit mir redete, hielt als Maßstab ein goldenes Rohr, damit er die Stadt und ihre Tore und ihre Mauer messe.
Und die Stadt liegt im Viereck, und ihre Länge ist so groß wie ihre Breite.
Und er maß die Stadt mit dem Rohr, zwölftausend Stadien; ihre Länge und Breite und Höhe sind gleich. Auch maß er ihre Mauer, hundertvierundvierzig Ellen, nach Menschenmaß, das zugleich Engelsmaß ist.
Nun war der Bau ihrer Mauer Jaspis, und die Stadt war lauteres

Gold gleich klarem Glas. Die Grundlagen der Stadtmauer waren mit jeder Art von kostbaren Steinen geschmückt:
Die erste Grundlage war Jaspis, die 2. Saphir, die 3. Chalzedon, die 4. Smaragd, die 5. Sardonyx, die 6. Sardion, die 7. Chrysolith, die 8. Beryll, die 9. Topas, die 10. Chrysopras, die 11. Hyazinth, die 12. Amethyst.
Und die 12 Tore waren 12 Perlen, jedes der Tore bestand aus einer einzigen Perle. Und die breite Straße war lauteres Gold, wie durchsichtiges Glas. Und ich sah keinen Tempel darin, denn Jehova Gott, der Allmächtige, ist ihr Tempel und das Lamm.
Und die Stadt hat es nicht nötig, dass die Sonne oder der Mond auf sie scheine, denn die Herrlichkeit Gottes erleuchtete sie, und ihre Lampe war das Lamm.
221-
Und er zeigte mir einen Strom von Wasser des Lebens, klar wie Kristall, der vom Throne Gottes und des Lammes aus hinabfloss inmitten ihrer breiten Straße. Und diesseits des Stromes und jenseits standen Bäume des Lebens, die 12 Fruchtarten hervorbringen, indem sie jeden Monat ihre Früchte geben. Und die Blätter der Bäume dienten zur Heilung der Nationen.

Du siehst auch hier anhand des Textes aus der Offenbarung des Johannes, wie wichtig die Zahl 12 ist :

Die 12 Seelen einer Überseele
Die 12 Überseelen einer ICH-BIN-Gegenwart
Die 12 Strahlen des Lebensbaumes
Die 12 Apostel Jesu
Die 2 x 12 (=24) Ältesten, die den Thron der Gnade umgeben
Die 12 Ritter von König Arthus an der Tafelrunde Gottes
Die 12 Stämme Israels
Die 12 Monate des Jahres
Die 12 Fruchtarten des Lebensbaumes

Weiters ist die Zahl 12 Ausdruck der Trinität der 4 Elemente:

3x4 = 12, d.h. jedes der 4 Elemente beinhaltet in sich die Trinität! Es gibt 3 Tore im Süden, 3 im Westen, 3 im Norden und 3 im Osten.
Jeder Himmelsrichtung ist einem Element zugeordnet.
Die 4 Elemente finden auch Ausdruck in der Quadratur des Kreises. Jede Seite des Quadrats entspricht einem der 4 Elemente. Jeder Seite eines Quadrats sind 3 Spitzen, 3 Tore zugeordnet.

Die Zahl 12 ist die Zahl der 4. Dimension, mach dir ihre immense Kraft zunutze, indem du

„Die Macht der 12"

anrufst.
Erst wenn alle 12 Lebensbäume vollständig sind, kann das Dreizehnte entstehen.
Das Dreizehnte bedeutet das Neue, die 13 symbolisiert Christus. Suche den Christus nicht im Außen, bitte nicht um Erlösung von außen, sonder werde zur 13, werde zum Inneren Christus. Werde zu deiner mächtigen ICH-BIN-Gegenwart.
Wenn du alle 12 Lebensbäume integriert hast und zu allen Lebensbäumen geworden bist, so hast du ein gutes Fundament aufgebaut; die Stadt – das neue Jerusalem – das daraus hervorgeht, ist völlig stabil und kann vor allem nicht einstürzen.

Schließlich gibt es noch die Vielfachen der Zahl 12, die Zahl des Universums, der Multiversen, des Omniversums, der Galaxis. Genauso wächst auch die geometrische Symbolik in Form von Toren weiter – mit Vielfachen der Zahl 12.
Das Wachstum vollzieht sich jedoch nicht nach außen, sondern nach innen wie du noch sehen wirst. Für dieses Wachstum musst

du dich allerdings entscheiden. Du musst dich entscheiden, erwachsen zu werden und Verantwortung zu übernehmen.
Du musst dich entscheiden, Illusionen und Täuschungen aufzudecken und gehen zu lassen.
Weiters musst du Verantwortung, die du für andere Erwachsene übernommen hast, wieder zurückgeben. Jeder! Erwachsene kann für sich selbst die Verantwortung übernehmen!!
Werde zum Meister über dein Leben.

Ich möchte noch etwas näher auf den Begriff Monade bzw. ICH-BIN-Gegenwart eingehen.

Jede Monade besteht aus 12 Überseelen, jede Überseele wiederum aus 12 Seelen;
Das ergibt insgesamt 12x12 = 144 Seelen.
Diese Zahl 144 finden wir in der Bibel z.B. als Maßeinheit des Neuen Jerusalem; weiters heißt es, für 144.000 „soll es Rettung geben", d.h. für JEDEN Menschen, für jede Seele der mächtigen ICH-BIN-Gegenwart gibt es Rettung und Erlösung. Es gibt also keine „Auserwählten", jede Seele ist gleich wichtig wie eine andere. Fehlt eine einzige Seele, kann die ganze Monade nicht aufsteigen.

Der Tod ist nur ein Transformationsprozess, der lebensnotwendig ist.
Der Tod ist also essentiell wichtig für das Leben. Ohne den Tod gibt es kein Leben.
In eurem Entwicklungsprozess werdet ihr noch viele Tode sterben und ihr seid schon viele Tode gestorben. Ein Lebensaspekt, der hinderlich ist, muß gehen, damit ein neuer kommen kann. Also freut euch über den Tod!!

Die Schlange als Symbol des Dunklen

Die Schlange als Symbol des Dunklen, Unbekannten, Unbewussten begegnet uns in vielen Kulturen – in der Alchemie, als Kundalini-Kraft, in unseren Träumen usw.
Ursprünglich stand die große Weltenschlange für die Mutter, welche alles gebiert.
Auch ich persönlich sehe die Schlange als Symbol für die Mutter an, hier schlummern die weiblichen Kräfte. Wir tragen alle eine Schlange in uns, welche in unserem Wurzelchakra sitzt und zunächst hier schläft. Diese Schlange gilt es aufzuwecken, danach müssen wir sie in uns immer weiter aufsteigen lassen; d.h. das Dunkle, Unbewusste drängt immer weiter nach oben, ins Licht. Im Tantra steht die Schlange für die aufsteigende Sexualkraft, die Kundalini, die in der höchsten Vereinigung Erleuchtung bringt.
Im Christentum brachte die Schlange die Versuchung ins Paradies, was mit der Vertreibung daraus endete.
Der indianische Priesterkönig Quetzalcoatl, was soviel bedeutet wie Federschlange, verbindet Himmel und Erde, Licht und Dunkelheit, Leben und Tod.
Die aztekische Schlangengöttin Coatlicue gilt als Erdmutter.
Diese Schlange, die in jedem von uns schlummert, möchte erweckt werden und sie möchte dich erwecken. Sie fordert dich auf, nicht mehr zu fliehen, nicht mehr die Augen zu verschließen, sondern dich deiner Macht zu stellen, sie anzunehmen und zu leben.
Denn es ist deine eigene Macht, vor der du Angst hast.
Die Schlange reicht dir den Stab der Macht, sie verbindet dich mit den alten weiblichen Mysterien.
Mit den Kräften, die sie bringt, ist nicht zu spaßen. Sie lehrt dich, Gift zu nutzen:
Zum Töten oder zum Heilen.
Diese Kräfte musst du lernen, zu meistern; werde zum Meister deiner Schlange.

Wenn du deine Schlange erweckt hast, und sie nun langsam aufsteigen lässt, musst du einige Male klar und deutlich aussprechen, dass DU ihr Meister bist und nicht umgekehrt.
Dazu musst du deine Angst besiegen und deine Macht annehmen. Dann kannst du deiner immer größer werdenden Schlange unmissverständlich klar machen: „ Ich bin der Meister."
„Du unterstehst meiner Kontrolle, ich habe hier das Sagen."
Sobald die Schlange spürt, dass du Angst hast, dass du dir klein und hilflos vorkommst, so wird sie sofort die Kontrolle übernehmen und Macht über dich ausüben.
Deshalb ist es vor allem zu Beginn deines spirituellen Weges wichtig, dass du keinen Alkohol oder andere Drogen zu dir nimmst, denn dann gibst du die Kontrolle ab.

Quelle: Eva Höflehner

Die Schlange wird jede Gelegenheit nutzen, die Kontrolle über dich zu erlangen (Solange du noch massive Ängste in dir trägst).
Wenn die Schlange dich kontrolliert, kann sich das in Aggressivität, Eifersucht, sexuellen Begierden, Selbstopferung, Lähmung, Einengung der eigenen Kraft, unbewussten Trieben, Süchten und Abhängigkeiten zeigen.
Die Schlange ist ein großartiger und erbarmungsloser Lehrmeister. Sie zu meistern ist die schwierigste spirituelle Aufgabe.

Wenn das 2. Hexagramm vollendet ist und das „Neue Jerusalem" entstanden ist, haben wir bereits einen Großteil der dunklen Energie, welche durch die Schlange symbolisiert wird, gemeistert und integriert.

Zu diesem Zeitpunkt steht eine weitere Prüfung in Form des DRACHENS an.

In vielen Sagen bewachen Drachen große Schätze. Sie stehen dabei für die Schwierigkeiten, die man überwinden muß, um ein einzigartiges und besonderes Ziel zu erreichen.
Der Drache – auch gefiederte Schlange genannt – führt dich zu dem uralten Wissen der Erde, zur großen Göttin. Er fordert dich wiederum auf, deine eigene Macht zu entdecken und anzunehmen.
Drachen sind Hüter an Schwellen, sie wachen an Übergängen vom Feuer ins Licht, vom Wissen zur Weisheit.
Drachen sind mächtige Kräfte, die in jedem Menschen schlummern. Wenn wir diese Kraft annehmen, gelangen wir an die Macht, welche an sich eine neutrale Energie ist. Es kommt nur darauf an, wie und wofür man sie einsetzt: ob der Mensch sie beherrscht oder ob sie den Menschen beherrscht.
Wenn du dich selbst in dem Drachen erkennst, dann bist du der Drache und in deiner Brust schlägt ab sofort ein Drachenherz.

Mir persönlich ist der Drache als männliche Kraft – als Hüter der Schwelle Feuer/Licht – begegnet. Der Drache kreiste am Himmel über der Schlange, die bereits eine beträchtliche Größe angenommen hatte. Die Schlange und der Drache konkurrierten, verteidigten ihr „Territorium", sahen sich vorerst als Feinde. Wie gehst du mit der Macht um? Lässt du die beiden kämpfen? Schlägst du dich auf eine Seite, weil du eine für dunkel und die andere für hell hältst? Willst du einen von beiden bekämpfen, weil du Angst vor seiner Kraft hast?
Wenn die beiden Kräfte – die Schlange und der Drache – konkurrieren, dann konkurriert zur Zeit deine weibliche und deine männliche Seite. Welche Seite hältst du für besser? Wer soll den Kampf gewinnen? Willst du überhaupt kämpfen?

Deine Aufgabe besteht darin, die Angst zu überwinden und beide Kräfte als gleichwertig anzusehen, dir klar zu machen, dass beide Kräfte notwendig sind und vereint werden müssen.
Wenn die Schlangenkraft und die Drachenkraft gleich groß sind, also ausgeglichen sind und du keine Angst mehr hast, werden sich die beiden Kräfte vereinen.

Die Vereinigung von Schlangenkraft und Drachenkraft erfolgt symbolisch in Form eines Kreises – dieser Kreis umschließt das „Neue Jerusalem"

Abb. 23
Symbol der
Vereinigung von Männlich und Weiblich
Quelle: Eva Höflehner

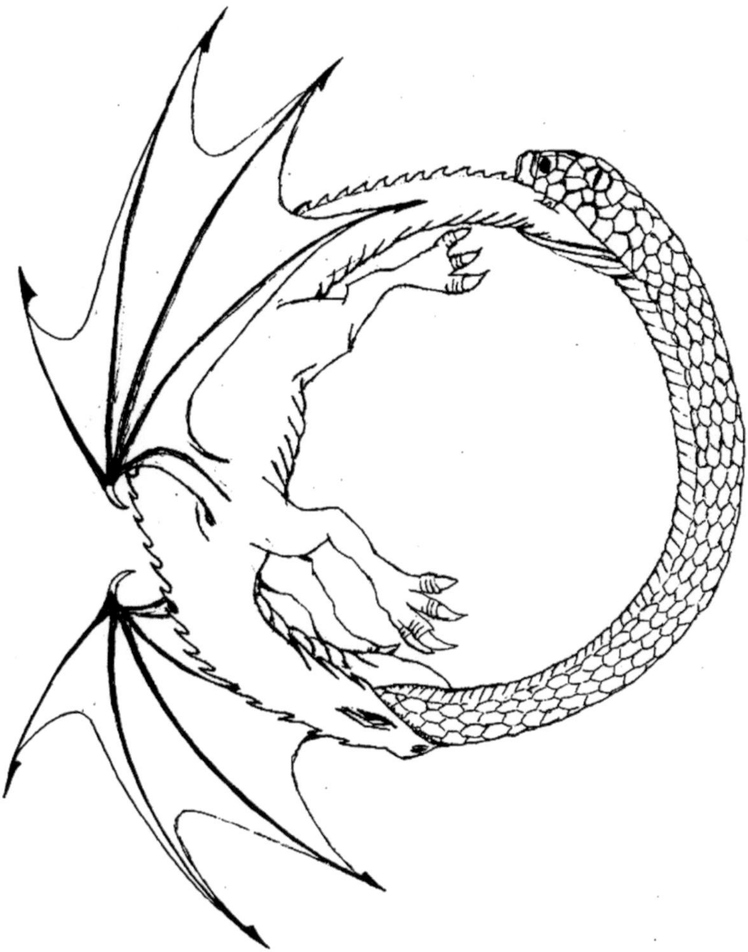

Christusenergie

SANANDA

Die Christusenergie entspricht nicht nur Jesus Christus, der männlichen Energie, sondern beinhaltet ebenso weibliche Energie, die weibliche Christuskraft.
Im Christentum wurde diese Christusenergie auf die männliche Kraft reduziert. Jetzt ist es an der Zeit, die weibliche Christusenergie zu empfangen. Wie wir gesehen haben, fließen durch das Goldene Rechteck sowohl männliche als auch weibliche Energien. Die männliche Spirale (männliche Christusenergie) verläuft in geraden Linien mit 90-Grad-Wendungen gemäß dem Phi-Quotienten. Die weibliche Spirale (weibliche Christusenergie) richtet sich nach dem Goldenen Schnitt aus. (siehe Abb. 16)

Die Christusenergie führt über diese Spiralbewegungen zur Herzensöffnung.
Folgendes Symbol hat ausgesprochen starke Kraft, es ist der Kelch, mit dem du die weibliche Christusenergie empfangen kannst. Es entspricht dem „Heiligen Grahl“

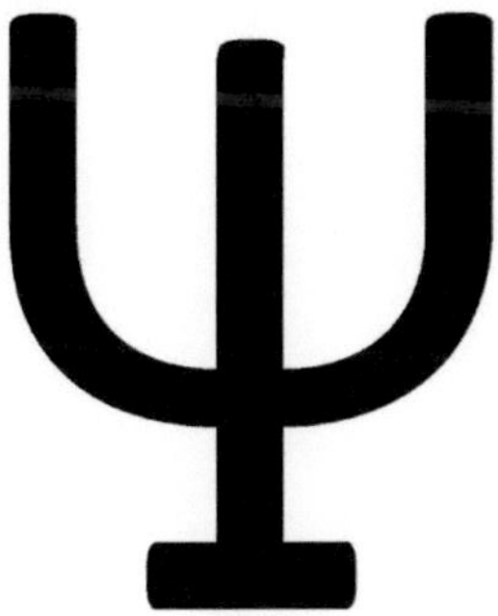

Abb. 24: „AmPhoRe“

Der Heilige Grahl ist also das Goldene Rechteck, der Goldene Winkel, die Goldene Spirale

Dieses Symbol bringt dich in die Spiralbewegung, sodass du die männliche und weibliche Christuskraft empfangen kannst.
Das Symbol AmPhoRa, welches das Symbol der weiblichen Christusenergie ist, ist zugleich auch Symbol des Goldenen Winkels Psi.

Der sogenannte Goldene Winkel Psi spielt eine besondere Rolle. Man erhält ihn, wenn man 360 Grad des Vollkreises im Verhältnis des Goldenen Schnittes teilt.
Goldener Winkel Psi = 222,5 Grad

Da sich Winkel < 180 Grad für die Praxis als handlicher erweisen, wird gewöhnlich der kleinere Winkel als Goldener Winkel bezeichnet

Goldener Winkel Psi = 137,5 Grad

Gegensätze vereinen

Im Laufe unserer spirituellen Entwicklung kristallisiert sich ein Thema als Essenz heraus: Gegensätze durch Liebe vereinen.
Wir leben in einer polaren Welt, die wir nur durch die Polarität erkennen können. Nachdem Adam und Eva vom Baum der Erkenntnis gegessen hatten, erkannten sie ihre Gegensätzlichkeit in Form ihrer Geschlechtlichkeit. Dieses Essen vom Baum der Erkenntnis war jedoch keinesfalls eine Sünde, sondern im Gegenteil ein wesentlicher Schritt in der Evolution der Menschheit. Das Bewusstsein davor glich dem des Tierreiches ohne Erkennen von Gut und Böse. Wir lebten im „Paradies", wo Gott als Herr für uns sorgte wie wir Menschen als „Herrchen" für unseren Hund sorgen. Das heißt, im Zustand des Paradieses waren wir noch nicht in der Lage, die Verantwortung für uns selbst zu übernehmen.
Wir waren noch viel zu „klein", zu „jung" – vergleichbar mit einem Baby bzw. Kleinkind.
Mit dem Essen vom Baum der Erkenntnis haben wir uns erstmals als Eigenes ICH erkannt – getrennt von Gott. Diese Erkenntnis können wir vergleichen mit dem ersten Wahrnehmen der eigenen Identität eines Kleinkindes. Es erkennt, dass es nicht EINS mit der Mutter ist – es erkennt sich als eigenständiges Wesen. Das verurteilen wir ja auch nicht, warum verurteilen wir dann das Essen vom Baum der Erkenntnis im Paradies? Ist es eine Sünde, wenn das Kind erstmals sich selbst im Spiegel erkennt und sich als eigenständiges Wesen wahrnimmt? Natürlich nicht – und genauso wenig war es eine Sünde, den Apfel vom Baum der Erkenntnis zu essen. Adam und Eva wurden nach diesem „Sündenfall"???? aus dem Paradies vertrieben. Doch ich würde es eher als den ersten Schritt in die Eigenständigkeit bezeichnen.
So wie ein Kind heranwächst und erstmals von der Mutter in den Kindergarten gebracht wird und dann später in die Schule, bis aus

ihm schlussendlich ein eigenständiger Erwachsener geworden ist, so ist auch die „Vertreibung“ aus dem Paradies zu verstehen.
Wir als Menschheit sind aus dem Paradies „ausgezogen“, um unsere eigenen Erfahrungen machen zu können, um zu lernen, um zu wachsen.
Erwachsenwerden bedeutet, Verantwortung für sich selbst und sein Leben zu übernehmen. Damit meine ich die gesamte Verantwortung – für alles was geschah in unserem Leben und für alles, was jetzt geschieht. Wir müssen aufhören mit Schuldzuweisungen an andere und an uns selbst. Nur wir selbst sind verantwortlich für alles, was in unserem Leben geschieht, wobei Verantwortung nicht Schuld bedeutet. Schuld und Scham sind entstanden aus dem Erkennen der Polarität. Nachdem Adam und Eva vom Baum der Erkenntnis gegessen hatten, erkannten sie, dass sie nackt waren und sie schämten sich. Scham und Schuld entstehen aus dem Gefühl der Trennung, welches wir durch das Erkennen der Gegensätze empfinden.
Scham und Schuld existieren nur so lange, so lange wir uns getrennt fühlen, d.h. Schuld und Scham existieren nur in der Dualität. Jeder Mensch sehnt sich danach, diese Trennung wieder aufzuheben; wir suchen z.B. einen Partner, mit dem wir uns vereinen und „ganz“ sein können. Doch die Vereinigung mit einem anderen Menschen kann diese Trennung nur vorübergehend aufheben; wenn der geliebte Mensch nicht da ist, fühlen wir uns wieder alleine und nicht ganz.
Deshalb müssen wir die Trennung IN uns aufheben, wir müssen die Gegensätze in uns vereinen. Diese Vereinigung kann nur durch Liebe erfolgen. Mit jeder Vereinigung wächst die Liebeskraft.
Im Rahmen der chymischen Hochzeiten vereinen sich Mann und Frau in uns zunächst durch sexuelle Liebe, später durch romantische, gefühlsbetonte Liebe und schließlich durch Hingabe.

Es gilt immer „höhere“ Ebenen bzw. Aspekte der Liebe zu erlernen bis wir schließlich bedingungslos lieben können.
Um fähig zu sein, bedingungslos zu lieben, dürfen wir nicht mehr urteilen.
Wir müssen erkennen, dass es ohne das Böse das Gute nicht gäbe, dass es ohne Hässlichkeit auch Schönheit nicht gäbe und ohne Dunkelheit kein Licht.
Das bedeutet, wir dürfen nichts aus unserem Leben ausklammern, wir müssen alles Leben in uns aufnehmen. Ohne Opfer gibt es keinen Täter, ohne Krieg keinen Frieden. Diese Gegensätze sind polare Extreme ein und derselben Energie.
Nehmen wir als Beispiel einen Mörder und sein Opfer.
Der Mörder lebt die männliche, aggressive Energie; das Opfer die weibliche, ängstliche, passive. Der Mörder unterdrückt seine Ängste, das Opfer unterdrückt seine Aggression.
Doch hat der Mörder die selbe Angst in sich wie sein Opfer und das Opfer trägt die gleiche Aggression in sich wie der Täter. Da beide – Opfer und Täter – einen Teil von sich nicht ansehen wollenund unterdrücken, kommt es dazu, dass sie gezwungen werden, diesen nicht gewollten Teil im Außen zu erleben. Da das Opfer seine Aggression unterdrückt, wird ihm seine Aggression durch eine zweite Person von außen präsentiert. Die Aggression möchte so gesehen werden. Beim Täter möchte die Angst gesehen werden.
Wenn das Opfer seine Aggression ansieht und annimmt in Liebe, dann muß im Außen diese Emotion nicht durch eine zweite Person in Täterform gezeigt werden.
Damit die Liebe vereinen kann, dürfen wir uns kein Urteil erlauben wie z.B. das arme, „gute“ Opfer oder der „böse“ Täter. Das bedeutet ein Fehlen von Liebe.
Beide – Opfer und Täter – spielen nur ihre Rolle, keiner von beiden ist besser oder schlechter als der andere. Erkenne, wo du Opfer und wo du Täter in deinem Leben bist, erkenne die Rollen, die du in deinem Leben spielst und beende das Spiel, indem du unter-

drückte, nicht gewollte Gefühle annimmst und dich selbst dabei nicht bewertest.

Du bist nicht böse, wenn du zornig bist; du bist nicht böse, wenn du einmal „nein“ sagst;

Hör auf, dich für irgendjemanden aufzuopfern und hör damit auf, andere zu manipulieren.

Erkenne die Rolle, die du in deinem Familiensystem spielst, gib fremde Verantwortung wieder zurück und übernimm die Verantwortung für dich selbst. Werde erwachsen !

Abb. 25 „666“

3. TOR - 666

Das Wachstum vollzieht sich wiederum durch eine 90-Grad-Wendung.
Nach der Wendung entsteht ein drittes Hexagramm (6 Ecken), welches nun in einem Winkel von 90 Grad auf das 2. Hexagramm zu liegen kommt.
Das 3. Tor besteht nun also aus 3 Hexagrammen: 666

Offenbarung 13:18

> Hier kommt es auf Weisheit an:
> Wer Verstand hat, berechne die Zahl des wilden Tieres,
> denn sie ist eines Menschen Zahl;
> und seine Zahl ist 666.

Die 666 symbolisiert das wilde Tier IN uns; ungebändigte, dunkle Energien.
Die 666 ist nicht die Zahl eines einzelnen Menschen, nein, auf unserem Entwicklungsweg müssen alle Menschen sich mit der Energie der 666 auseinandersetzen und diese meistern.
Wir lernen im Laufe unseres Weges, diese dunklen Energien zu beherrschen; wir müssen Meister über die dunklen Energien werden.
Dazu müssen wir uns dieser Energie stellen.
Anfangs kämpfen die beiden polaren Energien noch: Licht kämpft gegen Dunkelheit, Gott kämpft mit den Engelwesen gegen Satan und seine Dämonen.
Wir wollen das Dunkle besiegen – bis wir erkennen, dass wir den Kampf beenden müssen.
Bis wir erkennen, dass es das Eine ohne das Andere nicht gibt; bis wir erkennen, dass wir Krieg gegen uns selbst führen.
Satan wird auch als Lucifer bezeichnet, was seiner Funktion auch entspricht.
Lucifer kommt aus dem Lateinischen und bedeutet „Lichtträger".

Durch die Dunkelheit wird Licht erst erkennbar, sichtbar gemacht; durch die Polarität erkennen wir. Schlußendlich erkennen wir, dass Licht und Dunkelheit EINS sind, so wie die 2 Seiten einer Münze.
Wir erkennen, dass Gott und Lucifer EINS sind und dass sie in uns durch Liebe vereint werden wollen.
Schaut euch die Zahl 666 nochmals genau an:

666

Wenn ihr das Buch umdreht, wenn ihr euch sozusagen die 2. Seite der Münze anseht, erkennt ihr folgende Zahl:

999

999 ist die göttliche Zahl. 666 (Lucifer) und 999 (Gott) sind also ein und dasselbe Wesen.
Es kommt somit nur auf den Blickwinkel an, welche Seite ich sehe.
Und so ist es mit allen polaren Dingen; mit Täter und Opfer, mit Frau und Mann, mit Licht und Dunkelheit, mit Gott und Lucifer.
Sie sind alle EINS und wollen zusammengeführt werden.
In der Bibel steht geschrieben:
Zu Gott kommen wir nur über Jesus Christus, seinen Sohn.

Das ist wahr. Doch es ist auch wahr, dass wir nur zu Gott über Lucifer kommen.
Nur wenn wir die dunkle Energie 666 meistern und in uns integrieren, können wir sie mit der lichten Energie Gottes vereinen.

Die 666 – Satan – das „Tier" ist also eine Illusion, nur ein Teil der Wahrheit – und das können wir auch in der Symbolik erkennen. Denn das Wachstum in der 4. Dimension geschieht in 12er –

Schritten, nicht in 6er-Schritten. D.h. es kommt ein 4. Hexagramm dazu, welches wiederum 90 Grad in Bezug auf das 3. Hexagramm liegt, also ein zweites „12-Eck".

Bei der Beschreibung der nächsten Tore spreche ich dennoch von 7 Chakren, obwohl es eigentlich 13 Chakren sind. So wie die 6 Spitzen des Hexagramms (männliches und weibliches Dreieck) die „unteren 3" und die „oberen 3" Chakren symbolisieren, stehen die 12 Spitzen des „12-Ecks" für die 12 Chakren der 4. Dimension. Der Kreis in der Mitte ist das Herzchakra. Ich spreche deswegen noch immer von 7 Chakren, da die oberen 3 und die unteren 3 Chakren „gedoppelt" sind und dennoch eine Einheit ergeben. Jedes Chakra besteht also aus zwei Chakren, welche in einem Winkel von 90 Grad aufeinander stehen.

Mit der 666 tritt auch noch eine weitere Illusion zutage:

Die Hölle – das Fegefeuer

Ich möchte die Hölle vergleichen mit der Androhung einer Strafe an unfolgsame Kinder durch ihre Eltern. Im Kindesalter haben diese Drohungen ihren Zweck erfüllt, sie dienten unserem Schutz. Doch in der Pubertät lehnt sich der Jugendliche gegen die Normen und Verbote der Eltern auf, Drohungen haben nur noch bedingten Erfolg. Das ist auch gut so, denn wir müssen unsere eigenen Erfahrungen machen, wir müssen aus unseren Fehlern lernen, damit wir erwachsen werden können.
Spirituell gesehen befinden wir uns gerade in der „Pubertät". Die Menschheit beginnt sich langsam gegen die strengen Dogmen der Religionen aufzulehnen.
Doch viele Menschen wollen noch so gerne Kind sein, das ist ja auch viel angenehmer. Gott versorgt uns im Paradies mit allem, was wir brauchen. Da brauchen wir keine Verantwortung zu über-

nehmen, Gott liebt uns, egal was wir tun; er gibt uns zu essen, zu trinken und ein Zuhause.
Auf der anderen Seite fürchten wir die Bestrafung Gottes, wir fürchten, in der Hölle schmoren zu müssen o.ä., wenn wir seine Gesetze nicht befolgen.
Wir müssen aufhören, uns wie kleine Kinder zu verhalten. Habt keine Angst vor einer Bestrafung, erhebt euch und trefft eure eigenen Entscheidungen.

So wie die Hölle eine Illusion ist, so ist auch das Paradies eine.
Der Zustand des Paradieses entspricht dem Kleinstkindesalter, wo die Mutter für alles sorgt und wir mit ihr Eins sind.
Diesen Zustand sehnen wir wieder herbei, weil wir den Schmerz durch die Trennung fühlen.
Dieser Schmerz vergeht nur durch Vereinigung der Gegensätze, dann sind wir auch wieder EINS mit Gott, jedoch als Erwachsene und nicht als Kleinkind.
Die „Vertreibung" aus dem Paradies war keine Strafe, sondern ein ganz normaler Entwicklungsschritt der Menschheit. So wie es auch keine Strafe ist, wenn Eltern ihr Kind zur Schule schicken.
Wir waren nie böse, es gibt keine Sünde und schon gar keine Erbsünde, das ist völliger Humbug. Nein – das ist Wachstum, das ist Evolution.
Wären wir ewig im Zustand des Paradieses geblieben, hätte das einen Stillstand bedeutet, es hätte keine Möglichkeit zur Entwicklung gegeben.
Ich gehe noch einen Schritt weiter und behaupte, die Menschheit als Rasse hätte eine „geistige Behinderung", befänden wir uns noch im Paradies. Denn das würde bedeuten, unsere Mutter bzw. Gott müsste sich unser ganzes Leben lang um uns kümmern wie um ein Kleinkind.
Aber „Gott sei Dank" ist die Menschheit nicht geistig behindert,

denn wir haben uns weiterentwickelt, auch wenn es auf den ersten Blick nicht den Anschein hat.
Und jetzt steht uns ein immens wichtiger Schritt bevor:
Der Schritt vom Kind zum Erwachsenen

Abb. 26 3. TOR 666 / 999

4. TOR

Schwarze Orchidee
Universum
„Befruchtung“

Wie jeder neue Zyklus beginnt auch dieser mit einer erneuten 90-Grad-Drehung. Dem schließt sich die Integration eines weiteren Hexagramms an.

Wie immer müssen wir zuerst das Dunkle eines jeden Zyklus ansehen, wir müssen jedes Mal noch einen Schritt weiter nach unten ins Unbewusste tun.

Dazu ist es notwendig, uns ganz tief fallen zu lassen – es handelt sich hierbei um einen passiven Prozess. Das Dunkle, Weibliche selbst ist ja auch passiv. D.h. wir sollten möglichst nichts „tun“, nichts „wollen“, sondern nur geschehen lassen. Dazu ist Vertrauen notwendig und Überwindung der Angst vor dem Unbekannten – Themen des Wurzelchakras.

Wenn du das 3. Tor bereits durchschritten hast, besitzt du genügend Vertrauen, um dich einfach nur fallen zu lassen – und du musst tief fallen, in bislang ungeschaute Bereiche deines Unbewussten.

Bist du nun ganz unten angekommen, erwartet dich eine sehr mystische, universelle weibliche Energie, die sich mir als Schwarze Orchidee offenbart hat.

Es ist dies die dunkle, weibliche Energie des Universums – wunderschön, mystisch und geheimnisvoll.

Mit der Entdeckung der schwarzen Orchidee wollen einige sexuelle Themen angeschaut werden. Schau genau hin und frage dich:

Was in Bezug auf Sexualität empfinde ich als „gut“, was als „schlecht“?

Was lehne ich ab? Was verurteile ich? Was kann ich mir gar nicht vorstellen ?

Was macht mir Angst? Was macht mich wütend?
Die Kunst hierbei ist, deinen inneren Frieden zu finden. Frieden kannst du nur finden, wenn du nichts ablehnst, nichts verurteilst, alles anerkennst wie es ist. Lass jeden Menschen seine Sexualität so leben wie er es gerne möchte. Bekämpfe nichts.
Finde für dich heraus, was Sexualität für dich bedeutet und wie du sie leben möchtest.
Wie auch immer, steh dazu! Jeder Mensch trifft für sich die Entscheidung – es ist nicht deine Aufgabe zu beurteilen, ob diese Entscheidung gut oder schlecht ist.
Gerade in Bezug auf Sexualität haben wir innerlich oft heftige Konflikte.
Unser Elternhaus, die Gesellschaft, die Religion geben uns strenge „Normen" vor, in die wir hineinpassen sollten. Wenn wir uns außerhalb der Norm bewegen, sind wir „böse" oder „schlecht". Da diese Normen sehr eng gesteckt sind, brechen wir hin und wieder aus diesen Normen aus – doch wir tun es heimlich, aus Angst vor Strafe und aus Schamgefühl.
Wir sollten alle eine monogame, heterosexuelle Beziehung führen, immer treu und liebevoll sein. Wir sollten heiraten, Kinder bekommen und ein Haus bauen. Daneben sollten wir noch einen gut bezahlten, gesellschaftlich anerkannten Beruf ausüben usw.
Das ist die Standardnorm, die, wenn wir sie einhalten, alle glücklich macht – die Eltern, die Verwandten, die Nachbarn, die Arbeitskollegen, die Gesellschaft, die Religion.
Nur bist du dabei glücklich? Schau in dir nach, was dich glücklich macht.
Welche Erfahrungen möchtest du machen? Hast du heimliche Phantasien ? Traust du dich, deine Phantasien zu leben? Traust du dich, gewisse Dinge überhaupt zu denken ?
Bestrafst du dich sofort, wenn du gewisse Dinge denkst?
Am Ende unseres Lebens bereuen wir nicht die Dinge, die wir getan haben, sondern die Dinge, die wir nicht getan haben.

Wenn du schließlich die Energie der Schwarzen Orchidee angenommen und integriert hast, kannst du die lichte Energie des Universums empfangen.
Die lichte, männliche Energie zu integrieren, fällt in den meisten Fällen deutlich leichter, denn davor haben wir keine Angst, es wird als „gut“ empfunden.
Doch sei dir immer bewusst, dass du das Licht in dir nur wirklich integrieren kannst, wenn du auch Lichtträger bist, d.h. wenn du auch dunkel bist.
Wenn du das Dunkle ablehnst und glaubst, dass du nur hell und licht bist, dann lebst du in einer Illusion; dann sonnst du dich im Lichte anderer Wesen- Engel, aufgestiegener Meister u.ä. Doch du selbst bist nur ein „Fünkchen“, welches darauf wartet, selbst entzündet zu werden und zu leuchten.

Wenn du das 4. Tor in dir verwirklicht hast, ist auch das

Auge Gottes
in dir entstanden.

In der Bibel erscheint das Auge Gottes als Symbol der Wachsamkeit, Allwissenheit und behütenden Allgegenwart Gottes.
Das Auge in einem umschließenden Dreieck symbolisiert die göttliche Dreifaltigkeit und das väterlich wachende „Allsehende Auge Gottes“. In der christlichen Pädagogik wurde daraus der Satz: „ Es gibt ein Aug´, das alles sieht, wenn´s auch in dunkler Nacht geschieht“.
Damit wurde der väterlich-richterliche Aspekt des Symbols betont.
Doch wie wir gesehen haben, entsteht das Auge Gottes nur durch die Vereinigung von Männlich und Weiblich, aus welcher der Inne-

re Christus entstanden ist und in weiterer Folge durch die Vereinigung von Lucifer mit Gott und aus der Vereinigung der Schwarzen Orchidee mit der lichten universellen Energie.
Das Auge Gottes ist also viel mehr als ein rein väterlich-göttliches Symbol.

Abb. 27 „Auge Gottes“

5. TOR

Multiversen – Omniversum
Paradies

Nachdem wir durch das 4. Tor gegangen sind, begeben wir uns auf eine Reise ins Universum, an einen weit entfernten Ort.
Du reist durch die Dunkelheit des Universums, bis du an einen Ort gelangst, an dem sich deine ICH-BIN-Gegenwart ständig teilt –im Sinne von Zellteilung.
Durch diesen Prozess entstehen viele, viele ICH-BIN-Gegenwarten, welche in ihrer Gesamtheit einem „größeren Wesen" entsprechen.
So wie aus einer befruchteten Eizelle durch Zellteilung ein neuer Organismus, ein Mensch entsteht, so entsteht hier durch Teilung und Vervielfältigung der ICH-BIN-Gegenwart ein höheres Wesen. Dieses höhere Wesen entspricht der Summe aller Menschen, dieses Wesen ist die Menschheit als Rasse.
Hierbei würden – im Vergleich – die Organe eines Menschen wie z.B. Leber, Herz, Niere, . . . , jeweils einem Multiversum entsprechen und der ganze Mensch dem Omniversum.
Wenn nun das Omniversum Menschheit entstanden ist, befinden wir uns im Zustand des „Paradieses." Wir befinden uns im Garten Eden. Dieses „paradiesische" Gefühl entsteht durch die Vereinigung sämtlicher Universen zu Multiversen und durch die Vereinigung der Multiversen zum Omniversum. Das Omniversum beinhaltet alles, es ist ganz.
Doch das Omniversum ist kein absoluter Begriff. Das Omniversum, welches hier entstanden ist, ist wieder Teil eines größeren Multiversums, welches seinerseits wiederum Teil eines noch größeren Omniversums ist.

So ist also z.B. eine einzelne Zelle eines Menschen ein Universum, welches Teil eines Organs, eines Multiversums ist; dieses Multiversum ist Teil des Gesamtwesens Mensch, des Omniversums.
Der einzelne Mensch im Größeren gesehen ist ein Universum, welcher Teil eines Multiversums ist – einer Rasse oder Nation; Dieses Multiversum ist wiederum Teil eines Omniversums, der Menschheit. Wir sehen also, dass z.B. die „Weißen" ein eigenes Multiversum darstellen, ebenso sind die Afrikaner, die Indianer, die Asiaten usw. jeweils ein Multiversum. Doch jedes dieser Multiversen ist Teil des Omniversums Menschheit. Ein Kampf oder Konflikt zwischen Rassen und Nationen entspricht einem Kampf zwischen „Herz" und „Gehirn" oder „Niere" und Leber".
Das Omniversum Menschheit kann nur gesund sein, wenn es jeden Kampf, jeden Konflikt und jeden Gegensatz beendet. Die Nieren sind für das Leben des Omniversums Mensch ganz gleich wichtig wie das Herz oder die Leber. Jedes Omniversum und jedes einzelne Universum hat seine ganz spezifische Aufgabe, die nicht wichtiger oder weniger wichtig ist als irgendeine andere. Nur in der gegenseitigen Achtung und Liebe können wir ganz und heil sein.

Wenn wir nun dieses Paradies, die Einheit der Menschheit in uns erreicht haben, glauben wir uns am Ziel unseres Weges angekommen. Doch wir werden bitter enttäuscht, denn der Endzustand „Paradies" stellt sich als große Illusion heraus.
Durch die Symbolik des Paradieses wird uns nur deutlich gemacht, dass wir kein Karma, keine Sünden und keine Schuld mehr haben. Wir haben alle Konflikte, die die Rasse „Menschheit" betreffen, in uns gelöst. D.h. wir haben religiöse, gesellschaftliche, politische Konflikte in uns gelöst; in uns gibt es in Bezug auf das Omniversum Menschheit keinen Kampf mehr.

Das „Paradies" ist auch der Ort, an den wir nach unserem irdischen Tod gelangen. Es ist sozusagen auch das „Totenreich". An diesem

Ort kann sich die Seele nach ihrem Tod erholen und auf die nächste Inkarnation vorbereiten.

An diesem Ort fühlen wir uns frei, was wir in einem großen Maße auch sind. Doch dieser vermeintliche Endzustand „Paradies" ist keine Endstation, auch hier müssen wir weitergehen.
Dieses Omniversum Menschheit ist im Größeren gesehen wiederum ein Universum und somit Teil eines Multiversums und Omniversums.
Das Leben bedeutet Wachstum, Entwicklung; wir können nicht stehen bleiben, denn es gibt kein Ende. Wir befinden uns in der Spiralbewegung der Goldenen Spirale, die weder Anfang noch Ende hat.
Wir verlassen also den „Garten Eden" bewusst, sündenfrei, karmafrei und unschuldig.
Wir haben die Lektion der Dualität gelernt und dürfen jetzt weiter „aufsteigen".
Nach Verlassen des Paradieses gelangen wir an eine sehr dicke Trennmauer; der nächste Zyklus beginnt.

6. TOR

vollständig aufgerichtete Schlange
Nächst höhere Ordnung

Nachdem wir das Omniversum „Menschheit“ integriert haben, gehen wir nun in die nächst höhere Ordnung, in der es wieder ein Universum, Multiversen und ein Omniversum gibt.
Der Ausgangspunkt, das Universum, ist hier die Menschheit. Die Multiversen sind andere Sonnensysteme, die verschiedenen Sternenentwicklungsstadien wie Roter Riese, Neutronenstern, Sternenstaub, Schwarzes Loch usw.
Das Omniversum ist unsere Milchstraße, die Galaxis.
Mit dem 6. Tor treten wir nun in diese nächste höhere Ordnung ein, welche von der darunter liegenden durch eine massive „Mauer“ getrennt ist.
Der Zyklus des 6. Tores beginnt wieder von unten – vom Wurzelchakra.
Die Schlangenkraft muß nun hochgehoben werden und diese Trennmauer durchbrechen.
Diese „Mauer“ stellt sich als außerordentlich massiv und widerstandsfähig dar, sie ist sehr schwer einzureißen.
Dazu benötigst du deine ganze „Schlangenkraft“, die du im 3. Chakra konzentrieren und focusieren musst. Du musst also eine immense Willenskraft und Energie aufbauen, d.h. die Schlange steigt ins Sonnenchakra auf, wo jetzt „männliche“ Energie wie Zorn und Wut vorherrschen. Die Wut und der Zorn müssen eine gewisse Stärke und Intensität erreichen, damit die Trennschicht durchbrochen werden kann. Es handelt sich hierbei um „Heiligen Zorn“; nur durch ihn kann diese Mauer eingerissen werden. Aus der „dunklen Schlangenkraft“, gepaart mit dem Zorn und der Wut entsteht dein „Inneres Ungeheuer“, welches, wenn du es unter Kontrolle hast,

die Mauer einreißen kann. D.h. du musst das Dunkle in dir und das Dunkle der gesamten Menschheit voll angenommen haben, dann hast du auch keine Angst und das Ungeheuer gehorcht dir.
Du darfst also dein inneres Ungeheuer nicht beurteilen, sondern im Gegenteil – du musst erkennen, dass dein „Ungeheuer" genauso wichtig ist wie dein „innerer Engel". Denn diese Mauer kann kein Engel und auch Gott nicht für dich einreißen. Du musst es aus eigener Kraft schaffen und das geht nur mit deinem „inneren Ungeheuer". Dazu brauchst du Mut und Vertrauen. Diese massive Trennmauer stellt eine massive Illusion dar, die es gilt niederzureißen.; das geht nicht mit Liebe und Streicheln.
Zu diesem Zeitpunkt wird deine „Meisterschaft über das Dunkle" einer harten Prüfung unterzogen. Es wird geprüft, ob du deine dunklen Energien beherrschen und lenken kannst.

Wenn du diese massive Mauer schlussendlich durchbrochen hast, stoßt du auf eine weitere Trennschicht, welche jedoch zart und biegsam ist, wie die Haut einer Schlange.
Genau das ist es auch, die „Haut" deiner Schlange, die nach oben durchgebrochen ist. Die Schlange ist massiv „gewachsen" und die Haut ist ihr zu eng geworden. Deine Schlange „häutet" sich und streift ihre alte Haut ab.
Nach der „Häutung" steht deine Schlange vollständig aufgerichtet, riesig und erhaben in dir, in ihrer vollen Größe und Macht.
Jegliche dunkle Energie hat nun ihren Schrecken verloren; Dämonen, die an den Körper der Schlange stoßen und ihn verletzen wollen, imponieren nun als „irgendwie lieb", weil sie so klein sind und dir gar nichts mehr anhaben können. Du siehst Dämonen nun „wie kleine Kinder, die eben ab und zu mal ein bisschen „böse" sind."

7. TOR

vollständig aufgerichtete Schlange
Roter Riese
Neutronenstern
Wurmloch
Trinität

Was wir durch den Abschluss des vorigen Zyklus erreicht haben, besitzen wir nun in diesem Zyklus in unserer Basis, d.h. die vollständig aufgerichtete, ganz in ihrer Macht seiende Schlange befindet sich im Wurzel- und Sakralchakra.
Das 3. Chakra – unser Sonnengeflecht – ist, wie der Name bereits verdeutlicht, unsere „Innere Sonne", unser Energieproduzent, unser „Kraftwerk".
Die Sonne unseres Sonnensystems ‚sowie die anderen Sterne der Hauptreihe, produzieren Energie durch Kernfusion, bei dem Wasserstoff in Helium umgewandelt wird.
Der Fusionsprozess zweier H^2 - Atomkerne zu Helium wird Wasserstoffbrennen genannt.
Analog dazu erzeugt unser Sonnengeflecht Energie durch Fusion – durch Vereinigung der Polaritäten (männlich + weiblich, Licht + Dunkel usw.). Wenn der Wasserstoff im Kern aufgebraucht ist, expandiert die Sonne, d.h. sie dehnt sich massiv aus, und es entsteht ein Roter Riese.
Die Schlange symbolisiert in unserer spirituellen Entwicklung das Wasserstoffbrennen. Wenn die Schlange in ihrer vollen Größe und Macht vollständig aufgerichtet ist, geht der „Brennstoff" (die Gegensätze) aus; sie kann nicht weiter wachsen und muß sich wandeln.
Die Wandlung geschieht durch den Tod. Die Schlange als Symbol unserer Dualität stirbt.

Unsere Innere Sonne expandiert nun und wird analog zur Sternenentwicklung zum Roten Riesen.
Der Rote Riese fusioniert Heliumatome zu Kohlenstoff durch den sogenannten 3-alpha-Prozess. Dabei werden 3 Helium Kerne, auch Alpha-Teilchen genannt, durch eine Kernfusionsreaktion in Kohlenstoff umgewandelt. Analog zu dieser Kernfusion werden in unserem Inneren Roten Riesen 3 Teile im Sinne der Dreifaltigkeit Gottes zu Einem vereint.
Mit der Entwicklung des Inneren Roten Riesen ist die Dualität der Trinität gewichen.
Die Energiegewinnung geschieht nun durch Fusion der 3 Aspekte Gottes.
Den Gedanken der Trinität finden wir in vielen Religionen, wie z.B. dem Christentum :
Vater – Sohn – Heiliger Geist oder im Hinduismus : Brahma – Vishnu und Shiva

Das Christentum klammert jedoch die Weibliche Trinität vollständig aus und betont lediglich die männliche Trinität Gottes. In den Zustand der Trinität kommen wir jedoch nur, wenn wir alle Gegensätze, d.h. Männlich und Weiblich, vereint haben. Die Vereinigung kann nur dann geschehen, wenn das Weibliche aber gesehen , geachtet und angenommen wird.

Das Energiezentrum in unserem Solarplexus-Chakra wird also jetzt durch einen Roten Riesen symbolisiert, d.h. wir haben das Allermeiste unserer Gegensätze vereint. Der geringe verbliebene Anteil der Polarität in uns, welcher durch das Symbol der Schlange und des Drachen, die sich gegenseitig in den Schwanz beißen, symbolisiert wird, ist durch den Expansionsprozess weit nach außen gedrängt worden. In einem schmalen äußeren Ring unseres Inneren Roten Riesen findet analog zum astronomischen Objekt Roter Riese noch Wasserstoffbrennen statt. Im Inneren wird Energie jedoch durch Heliumbrennen – durch Vereinigung der 3 Aspekte Gottes – erzeugt.

Da wir jedoch in unserer Entwicklung niemals stehen bleiben, gehen wir weiter aufwärts Richtung Herzchakra.
Aus dem Roten Riesen entsteht astronomisch gesehen ein Neutronenstern durch eine Kern-Kollaps-Supernova.
Der Kollaps erfolgt, wenn am Ende der Entwicklung des Roten Riesen die Fusionsprozesse im Inneren des Sterns zum Erliegen kommen. Im Zentralbereich massereicher Sterne wird nach der Fusion von Wasserstoff- zu Heliumkernen eine Reihe weiterer schwerer Elemente erzeugt. Sobald sich im Kern Eisen und Nickel angereichert haben, ist keine Fusion mehr möglich. Der Stern kollabiert, wobei der Kern stark komprimiert wird. Dabei treten extrem starke Kräfte auf, die bewirken, dass die Elektronen in die Atomkerne gepresst werden und sich Protonen und Elektronen zu Neutronen verbinden. Auch nach diesem Prozess schrumpft der Kern noch weiter, bis die Neutronen einen sogenannten Entartungsdruck aufbauen, der die weitere Kontraktion schlagartig stoppt. Dabei wird ein großer Teil der beim Kollaps freigesetzten Gravitationsenergie durch die Emission von Neutrinos frei. Zusätzlich emittiert der Kern einen starken Neutronenschauer. Dieser heizt die umgebenden Schichten so stark auf, dass ein „Hüllenbrand" entsteht, der weitere Energie liefert und die noch verbliebenen äußeren Schichten des Sterns in einer Explosion davonschleudert.
Nach dem kosmischen Gesetz „Wie im Grossen so auch im Kleinen" spielen sich in unserem Inneren ähnliche Prozesse ab.
Wenn unsere inneren Fusionsprozesse (Trinität) zum Erliegen kommen, dann kommt es auch IN uns zu einem Kollaps, bei dem es durch den Aufprall von Plus und Minus (Licht und Dunkel) zur Neutralität kommt. In unserem Herzchakra ist ein „Neutronenstern" entstanden.

Wir stehen nun weder auf der einen, noch auf der anderen Seite, wir stehen genau in der Mitte, wir sind neutral. Dann können wir beide Seiten sehen und annehmen.

Doch unsere Reise geht weiter. Im Bereich des 5. Chakras treffen wir auf eine sehr weibliche, mütterliche, liebevolle Energie. Diese Energie nimmt uns auf, wir haben nichts weiter zu tun, als auf sie zuzugehen und uns aufnehmen zu lassen, d.h. hierzu ist kein aktives Tun erforderlich, sondern ein Geschehenlassen.
Ganz allgemein nehmen nun die aktiven, wollenden Kräfte ab, und die passiven, weiblichen Kräfte nehmen zu.
Astronomisch gesehen entsteht aus einem Roten Riesen ein Neutronenstern, wenn die Kernmasse des Vorläufersterns – also des Roten Riesen – zw. 1,44 und 3 Sonnenmassen liegt. Liegt die Masse darüber, entsteht ein Schwarzes Loch, liegt sie darunter, erfolgt keine Supernovaexplosion, sondern es entwickelt sich ein Weißer Zwerg. Nach dem Gesetz „Wie im Großen so im Kleinen" und „wie oben so unten", gibt es demnach auch verschiedene Entwicklungswege des Menschen, d.h. es könnte aus einem Roten Riesen ein Schwarzes Loch oder ein Weißer Zwerg entstehen. Hierzu habe ich jedoch keine Erfahrungswerte, ich kann nur meinen persönlichen Entwicklungsweg beschreiben.
Weiters ist noch zu sagen, dass es astronomisch gesehen nicht nur Rote Riesen gibt, sondern auch Blaue Riesen. Wie Rote Riesen erstrecken sie sich bis auf hundert Sonnendurchmesser. Doch Blaue Riesen sind keine aufgeblähten ehemaligen Zwergsterne, sondern werden als Riesen geboren. Deshalb sind sie zwar von ähnlicher Größe wie Rote Riesen, haben aber viel mehr Masse und eine höhere Leuchtkraft. Blaue Riesen haben nur ein kurzes Leben, weil sie sich in einer enormen Geschwindigkeit verbrennen. Am Ende ihres kurzen Lebens, wenn das Heliumbrennen einsetzt, blähen sich die Hüllen des Blauen Riesen massiv aus – er wird zum Roten Überriesen. Die Hülle kann sich auf tausend Sonnendurchmesser

ausdehnen und besitzt eine enorme Leuchtkraft. Der Rote Überriese explodiert analog zum Roten Riesen in einer gewaltigen Supernova. Der Kern kollabiert hierbei zu einem Schwarzen Loch.
Ich nehme also an, dass es auch Menschen gibt, die bereits als „Blauer Riese“ geboren werden. Sie besitzen von Geburt an eine enorme Leuchtkraft und sie haben sich bereits zu einem Großteil über die Dualität erhoben. Ihre spirituelle Entwicklung schreitet enorm schnell voran. Diese Annahme deckt sich mit den Berichten von „außergewöhnlichen“ Kindern, die bereits geboren wurden und die in der näheren Zukunft auf der Erde inkarnieren werden. Ihr seht also, dass es nicht nur einen Weg gibt, sondern dass es mehrere Wege geben kann.

Lasst uns nun aber die weitere Entwicklung des Neutronensterns ansehen. Er sendet kaum noch Licht aus, in seinem Inneren finden keine Prozesse mehr statt. Dafür ist er jetzt ausgesprochen stabil. Die Astronomie ist der Ansicht, dass der Neutronenstern das Endstadium seiner Entwicklung darstellt. Entgegen dieser Meinung vollzieht sich in uns eine Weiterentwicklung zu einem Schwarzen Loch. Der Sitz des Schwarzen Lochs ist das Stirnchakra – das 3. Auge.
Das Schwarze Loch ist ein astronomisches Objekt, dessen Gravitation so hoch ist, dass die Fluchtgeschwindigkeit für dieses Objekt ab einer gewissen Grenze höher liegt als die Lichtgeschwindigkeit. Schwarze Löcher verursachen durch ihre enorme Gravitation eine entsprechende Veränderung der geometrischen Struktur von Raum und Zeit = Raumzeitkrümmung. Aus der inneren Region des Schwarzen Loches kann keine Form von Energie entweichen, da selbst ein Photon von außen gesehen unendlich lange braucht, um den Ereignishorizont zu erreichen und zu verlassen. Das Schwarze Loch nimmt also auf und gibt keine Energie ab. Dementsprechend ist unser 3. Auge – das Stirnchakra – ein „Aufnahme-Organ“, hier wird Information, Wissen u.v.m. aufgenommen.

In der Astronomie wird nun ein theoretisches Gebilde – das Weiße Loch – diskutiert. Aus dem Weißen Loch kann Energie ausdringen, aber nicht eindringen – also das Gegenteil des Schwarzen Loches. Koppelt man diese 2 Löcher – das Schwarze und das Weiße Loch – so entsteht das theoretische Gebilde eines sog. Wurmloches oder Einstein-Rosen-Brücke.
Die Astronomie nimmt prinzipiell an, dass Wurmlöcher zwei Orte derselben Raumzeit oder 2 parallele Raumzeiten (Universen, Multiversen) miteinander verbindet.
Aus meiner Erfahrung ist ein Schwarzes Loch IMMER an ein Weißes Loch gekoppelt. Keines existiert ohne das andere. Diese Koppelung der beiden Löcher stellt in der Tat eine Art Tunnel – oder Tor – dar, welches uns in eine andere Realität bringt – es beginnt wiederum ein neuer Zyklus. Ab jetzt sind das 6. und 7. Chakra untrennbar zu einer Einheit – dem „Wurmloch“ verschmolzen und sind sozusagen nur mehr EIN Chakra.

8. TOR

Octopus
Galaktische Scheibe
Sternenstaub
Zentrales Schwarzes Loch der Galaxis

Wie ich bereits erwähnt habe, ist das, was wir im vorigen Zyklus erreicht haben, nun unsere neue Basis. Da sich das 6. + 7. Chakra zu einem Einheitschakra vereint haben, präsentiert sich uns nun das 1. + 2. Chakra , als untrennbare Einheit. Dieses Einheitschakra aus Wurzel- und Sakralchakra wird symbolisiert durch den Octopus.
Um diesen Octopus integrieren zu können, müssen wir uns zuerst ganz tief in ihn fallen lassen. Der achtarmige Krake mutet wie ein Monster an, doch bleib im Vertrauen, in der Passivität, geh ganz in die Weiblichkeit, ins Dunkle – bis du inmitten des Octopus gelandet bist.
Der Octopus liegt „verkehrt" mit den Armen nach oben – wie eine Gebärmutter. Nur wirst du nicht nach unten geboren wie bei einer irdischen Geburt, nein, du wirst „hinaufgeboren" ins 3. Chakra. Zu diesem Zeitpunkt der Entwicklung kommen nochmals massiv Familienthemen zum Vorschein. Familiengeheimnisse und sog. „schwarze Schafe" wollen gesehen werden. Du musst loslassen, vor allem deine Herkunftsfamilie. Dieses Loslassen vollzieht sich oft schmerzhaft, im 3. Chakra entwickelt sich nochmals Wut, welche eine enorme Erleichterung und Befreiung bringt. Diese Energie des 3. Chakras bringt SIDO mit dem Titel „Scheiß drauf" aus dem Album „ICH und meine Maske" exzellent zum Ausdruck. „Scheiß" auf alles – du musst loslassen, es darf dir nichts mehr wichtig sein, so dass du daran festhältst. Scheiß auf die Meinung und Kommentare anderer in Bezug auf deine Person, lass dich nicht beeinflussen.

Ein weiteres wunderbares Lied zu diesem Thema findest du auf dem selben Album von SIDO – „Halt dein Maul“. Du siehst schon, hier kommt ganz schön aggressive Energie zum Vorschein. Doch unterdrücke sie nicht, sondern beherrsche sie und leite sie in die richtige Bahn, nutze sie für deine Befreiung. Nutze sie dazu, Personen, Traditionen, Meinungen usw. loszulassen. Wenn du diese Energie gemeistert hast, entsteht im 3. Chakra die Galaktische Scheibe.

Die galaktische Scheibe in uns sieht aus wie eine Schallplatte – rund und mit Rillen. (Abb. 28)

Von oben kommt ein Kegel auf die galaktische Scheibe herab, welcher wie die Nadel eines Plattenspielers in den Rillen fährt und die Information abliest und abspielt.

Scheinbar ist die galaktische Scheibe ein Informationsträger, auf der die Melodie unseres Wesens gespeichert ist. Die Melodie unseres Wesens ist die Melodie unserer Galaxis – der Milchstraße. Der Octopus umfasst diese galaktische Scheibe mit seinen 8 Armen, er trägt die galaktische Scheibe. Der Octopus entspricht sozusagen dem „Lichtträger“ (Lucifer) der Galaxis.

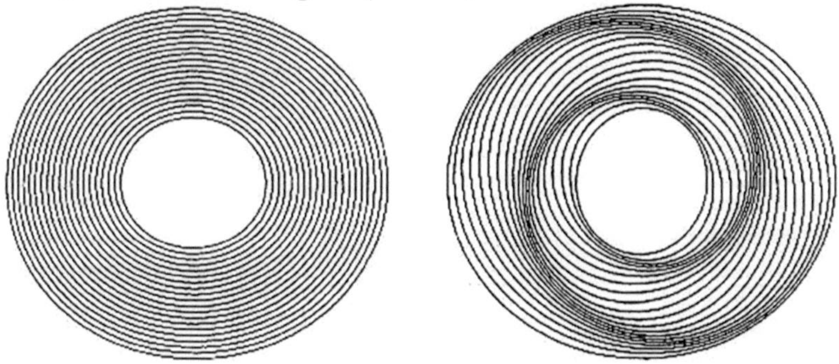

Abb. 28

Die Ausdehnung der galaktischen Ebene beträgt etwa 100.000 Lichtjahre, die Dicke der Scheibe etwa 3.000 Lichtjahre und die zentrale Ausbuchtung (Bulge) etwa 16.000 Lichtjahre.

Aus der Bewegung interstellaren Gases und der Sternverteilung im Bulge ergibt sich für diese eine längliche Form.

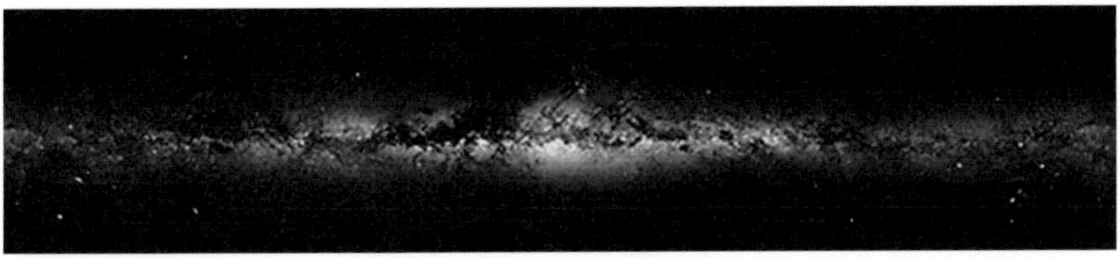

Abb. 29 Quelle: Digital Sky LLC, Twtunes

Die Gesamtmasse der Milchstraße wird auf 1,9 Billionen Sonnenmassen geschätzt.

Unsere Sonne sitzt eher am Rand der Galaxis. (Abb. 30) Das Band der Milchstraße erstreckt sich als unregelmäßig breiter, schwach milchig-heller Streifen über das Firmament. Seine Erscheinung rührt daher, dass in ihm mit bloßem Auge keine Einzelsterne wahrgenommen werden, sondern eine Vielzahl lichtschwacher Sterne der galaktischen Scheibe und des Bulges.

Darüber hinaus gehören alle der maximal 6000 mit bloßem Auge sichtbaren Sterne am Nachthimmel zur Milchstraße.

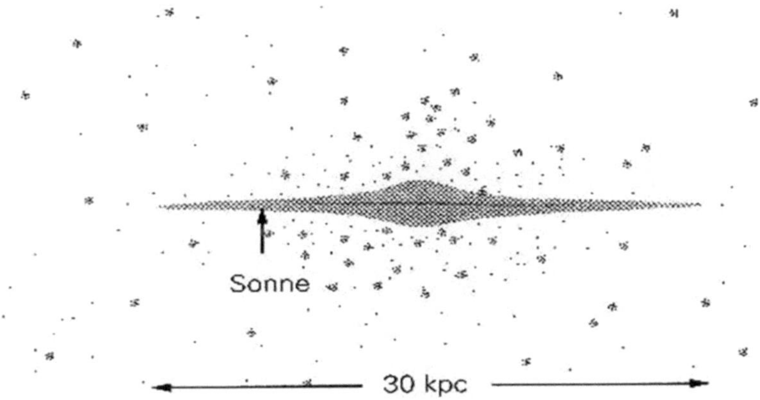

Abb. 30

Unser 3. Chakra hat nun also die gesamte galaktische Scheibe integriert und ist mittlerweile zu einem riesigen Kraftwerk geworden

Nun geht der Weg weiter nach oben Richtung Herzchakra.

Es folgt eine weitere „Geburt“, nämlich die ins 4.Chakra.

Dazu müssen wir in die Neutralität kommen, die Energien wie Wut und Zorn „verbrennen", sodass schlussendlich Liebe entstehen kann. In unserem Herzchakra wird diese neutrale Liebe symbolisiert durch STERNENSTAUB.
Dieser Sternenstaub hat magische Eigenschaften und Heilkraft.
Lass dich ganz in diese Energie ein und dehne sie über dein ganzes Wesen und Sein aus.
Das Kind im Herzchakra, welches so rein und magisch ist wie Sternenstaub, umgreift zuerst mit 2 Armen die galaktische Scheibe und reicht danach weitere 2 Arme nach oben Richtung Mutter im 5. Chakra.
Somit sind also die Chakren 1 / 2, 3, 4 und 5 miteinander verbunden.

Im 5. Chakra (Halschakra) befindet sich ein Tempel, in den die Weiblichkeit einzieht. Diese Weiblichkeit weist stark mütterliche Eigenschaften auf. Wie bereits im vorigen Zyklus auch, hebt die „Mutter im 5. Chakra" das „Kind aus dem 4. Chakra" nach oben.

Danach kann männlich-lichte Energie von oben ins 5. Chakra herabsteigen und sich mit der Mutter und dem Kind vereinen.
Im Anschluß führt uns der Weg weiter ins Gemeinschaftschakra 6+7, zum Wurmlich.

Um diesen weiteren Weg zu verstehen, beschäftigen wir uns noch einmal mit der Galaxis.
Im Zentrum der Milchstraße liegt verborgen hinter dunklen Gaswolken vermutlich ein supermassives Schwarzes Loch.
Dieses supermassive Schwarze Loch, wiederum gekoppelt an ein Weißes Loch, liegt beim Menschen im Gemeinschaftschakra 6/7. D.h. unser 3. Auge hat nun beträchtlich an Größe zugenommen und entspricht dem supermassiven Schwarzen Loch unserer Milchstraße.

Das Weiße Loch liegt im Kronenchakra und leitet uns in den nächsten Zyklus.

9. TOR

Basis = Elemente
Das Innere Kind ist erwachsen
Erwachsen gewordenes Inneres Kind gründet eigene Familie

In diesem Zyklus beschäftigen wir uns noch einmal intensiv mit den Elementen – genauer gesagt mit den Elementarwesen.
Elementargeister sind Wesen, die die Elemente bewohnen. Unser Körper und die Erde an sich sind aus den 4 Grundelementen aufgebaut: Feuer – Wasser – Erde – Luft. Als 5. Element kommt noch der Äther hinzu, der allem übergeordnet ist – er durchdringt alles und beseelt es.
Elementargeister sind eine Untergruppe der Naturgeister. Die Arbeit mit den Elementen und den Elementargeistern ist von Beginn unserer spirituellen Entwicklung an Grundlagenarbeit.
Im Lauf der Einweihung in höhere Welten wird der Mensch durch die Elemente und ihre Wesen geprüft, inwieweit er ihre Kräfte beherrscht und ob er bereit ist, in seiner Entwicklung eine Stufe weiterzugehen. In Erdeinweihungen, wo der Mensch lernt, sich von den irdischen Fesseln zu befreien, begleiten ihn die „Erdgeister", wie z.B. Gnome.
Wenn der Mensch in Bezug auf seine Gefühle geprüft wird, sind die „Wassergeister" wie z.B. Undinen im Spiel. Die Luftgeister wie die Sylphen prüfen unseren Geist und unsere Gedanken, die Salamander als Vorsteher der Feuergeister senden Lektionen der Liebe in vielen Formen.

Elemente *Richtung*	Vorsteher der Elemente *Könige der Reiche*	Welten *Erzengel*	grundsätzliche Ausrichtung *Sternzeichen*	Zeit *Vokal*
Feuer *Süden*	Salamander *Djinn*	Energiewelt *Uriel*	Wandlung *Widder, Löwe, Schütze*	Sommer *I*
Wasser *Westen*	Undinen *Niksa*	Emotionalwelt *Seelenwelt* *Gabriel*	Lebensqualität *Fisch, Krebs, Skorpion*	Herbst *O*
Luft *Osten*	Sylphen *Paralda*	Mentalwelt *Verstandeswelt* *Jophiel*	Raum,Geistestätigkeiten *Zwilling, Waage,* *Wassermann*	Frühling *E*
Erde *Norden*	Zwerge, Gnome *Ghob*	Sichtbare Welt *physische Welt* *Raphael*	materielle Verwirklichung *Stier, Jungfrau, Steinbock*	Winter *U*
Äther *Mitte*	Devas *Erzengel*	Geistwelt *Lichtwelt* *Michael*	Schöpferkraft *gesamter Tierkreis*	Immer *A*

Abb. 32

Wenn du an diesem Punkt deiner Entwicklung angelangt bist, hast du bereits viele Prüfungen durch die Elementargeister bestanden. Du hast gelernt, dass es „gut“ und „böse“ nur in der Polarität gibt und du hast bereits einen Großteil der Gegensätze auf einen neutralen Punkt gebracht.
Deine Aufgabe besteht nun darin, ALLE Erdgeister einzuladen, d.h. ALLE Wesen der Erde, dazu zählen Gnome, Kobolde, Trolle, Riesen und Zwerge, Wichtel, Kobolde, Alben, Schwarzalben u.v.m. Wichtig ist, dass du erkennst und fühlst, dass keine Albe besser ist als eine Schwarzalbe und kein Wichtel besser ist als z.B. ein Troll. . . JEDES einzelne Elementarwesen ist wichtig und göttlicher Natur. Bedeutsam ist auch, dass es sich hierbei nur um eine EINLADUNG handelt, d.h. diese Elementarwesen integrierst du nicht mehr, sondern sie LEBEN IN DIR.

Wenn wirklich ALLE Wesen der Erde in dir eingezogen sind, kannst du die Wassergeister, die Wesen des Wassers, einladen. Auch hier ist besonderer Wert darauf zu legen, dass kein einziges Wesen des Wassers zurückbleibt – aus welchem Grund auch immer.
Denn es ist außerordentlich wichtig, dass ein Kräfteausgleich zwi-

schen den Wesen der Erde und des Wassers besteht. Nur ein einziges Wesen, welches ausgeschlossen wird, bringt ein Ungleichgewicht. Jedes Element – Erde und Wasser – hat einen Vorsteher, eine Herrscherin.
Es muß nun ein Bündnis zwischen Erdgeistern und Wassergeistern geschlossen werden, was nur möglich ist, wenn ein Kräftegleichgewicht besteht.
Wenn das Bündnis zustande gekommen ist, kannst du die Feuergeister und die Luftgeister einladen.
Wenn das geschehen ist, lebt jedes einzelne Wesen der Erde, des Wassers, des Feuers und der Luft in dir. Da der Äther diese 4 Elemente verbindet und sie durchdringt, leben auch die Wesen des Äthers in dir.

Die BASIS dieses neuen Zyklus sind also die Elemente und das ist eine äußerst solide Basis.

Bemerkenswert dabei ist, dass das gesamte Unterbewusstsein aufgestiegen ist – ins Bewusstsein. Das bedeutet:

<u>Das Innere Kind ist erwachsen geworden</u>

Das Unterbewusste / Unbewusste ist jetzt ganz im Licht, es gibt keine unbewussten Programme mehr, die dich lenken. Du hast die volle Verantwortung für dich selbst übernommen – du bist spirituell erwachsen. Du hast deine Macht angenommen.
Alle Prägungen haben ihre Macht über dich verloren, denn du hast sie ans Licht geholt und dich ihnen gestellt. Keine unbewusste Angst beherrscht dich länger, es liegt nichts mehr im Unbewussten, du hast keine „Leiche mehr im Keller“.
Das Innere Kind hat sich zum ewig jungen Meister gewandelt.

Das mittlerweile erwachsen gewordene Innere Kind hat nun das Bedürfnis, selbst eine eigene Familie zu gründen, es möchte sich im Sinne von romantischer Liebe mit einem Partner/Partnerin vereinen. Diese Vereinigung mit dem animus bzw. der anima geschieht im 3. Chakra. Aus dieser Vereinigung entsteht etwas Neues, ein „Kind". Dieses Kind wird ins 4. Chakra geboren. Im 5. Chakra wohnt die weiblich-mütterliche Energie, welche das Kind aus dem 4. Chakra nach oben hebt. Nachdem also das Kind ins 5. Chakra aufgestiegen ist, steigt von „oben" männliche Energie herab. Es kommt erneut zu einer Vereinigung, jedoch diesmal in EINEM Wesen. Aus den 3 Aspekten – Kind, weiblich-mütterliche Energie und männlich-väterliche Energie – ist EIN göttliches Wesen entstanden.

10. TOR

Aufstieg der Unterwelt
Abstieg der Götter
Neue Heimat

Zuerst folgt ein tiefer Abstieg. Wir müssen sozusagen unter unser Unterbewusstsein dringen.
Im vorigen Zyklus ist unser Unterbewusstsein aufgestiegen, es ist vom Inneren Kind zum Erwachsenen geworden. Nun lasst uns sehen, was unterhalb davon auf uns wartet.
Um so tief einzutauchen, müssen wir wieder ganz in die Passivität gehen, nichts wollen, vollkommen vertrauen. Schließlich landen wir in einem sackähnlichen Gebilde mit mehreren Ausstülpungen. Diese „Ausstülpungen" müssen wir zurückstülpen. Ich nehme an, dieses „Zurückstülpen" ist ein integrativer Prozess, d.h. bisher nicht Gesehenes wird wahrgenommen und wieder hereingenommen. In diesem „dunklen Sack", welcher wieder eine Gebärmutter symbolisiert, folgt eine Reifungsphase, die unterschiedlich lange dauern kann.
Wenn ihr „reif" seid, meldet sich die

Königin der Unterwelt

bei euch.
Dazu beschäftigen wir uns ein wenig mit der germanischen Mythologie.
Hier gibt es neun Welten. Der germanische Weltenbaum berührt alle 9 Welten. Er steht im Zentrum von Midgard, dem Wohnsitz der Menschen, der Erde.
Die Germanen kennen eine Oberwelt, eine Mittelwelt und eine Unterwelt. Jede dieser Welten beinhaltet wiederum 3 Welten.
In der dunkelsten und finstersten der 9 Welten herrscht die Totengöttin Hel. Diese Welt ist ein Raum des Nebels und des Eises, der

Finsternis und Kälte, die Stätte der Verstorbenen.
Mit der Christianisierung wurde diese finsterste Welt der Hölle gleichgesetzt.
Im Unterschied zur christlichen Vorstellung war diese finstere Welt zwar keineswegs ein schöner Ort, ebenso wenig aber ein Ort der Strafe oder Qualen.
Demgemäß gelangt jeder Mensch nach seinem Tod hierher, nicht nur die „bösen Sünder".
Ausnahme waren in der germanischen Mythologie lediglich die gefallenen Krieger, die von den Walküren direkt zu Odin und Freya gebracht wurden.
Wir sind nun also bei der Göttin der Unterwelt gelandet. Wenn du im vollen Vertrauen und ohne Angst in diese Welt gekommen bist, erntest du von der Göttin der Unterwelt Respekt und Anerkennung für deinen Mut. Aber was geschieht jetzt ?
Das was immer passiert ist:
Das Dunkle möchte nun ans Licht, nachdem du es angesehen hast.
Die Königin der Unterwelt möchte aufsteigen – ins Licht – ins 3. Chakra.
Der Aufstieg erfolgt sehr pulsierend, mit einer immensen Kraft drängt es nach oben. Wehre dich nicht, lasse alles nach oben steigen, stimme zu. Dieses pulsierende Nach-oben-Drängen hält so lange an, bis die Königin der Unterwelt das Halschakra erreicht hat.
Ganz aus Eis, durchsichtig, steht sie nun da. Wider Erwarten ist die Königin der Unterwelt nun hell, durchsichtig, wunderschön, kristallklar. Sie veredelt dein Wesen und Sein.

Nun passiert etwas, das auch in der germanischen Mythologie vorhergesagt wird:

Der Untergang der Götter

Die Königin der Unterwelt leitet diesen Absturz der oberen Welten – des Himmels – ein.
Die Götter fallen buchstäblich auf die Erde herab, es ist wie ein Weltuntergang für die oberen, himmlischen Welten. D.h. der „Weltuntergang" betrifft alle 9 Welten:
Die unteren Welten steigen auf, die oberen Welten stürzen herab.
Wir befinden uns also jetzt in einem Zustand der völligen Zerstörung; alle 9 Welten sind untergegangen, es ist nichts mehr da. Demzufolge haben wir nichts mehr: kein Heim, keine Familie, . . .
Im 6./7. Chakra kommt es nun zur Entstehung der Neuen Heimat .Zu diesem Zweck begib dich auf die Reise und hol den Dunklen Tempel in dein 6./7. Chakra.
Dieser Dunkle Tempel ist schon seit ewigen Zeiten unbewohnt. Wenn er in dir ist, kommt die Helle Stadt von oben herab und vereint sich mit dem Dunklen Tempel zur Neuen Heimat.

11. TOR

Neue Familie
Rad
Punkt, an dem du nichts mehr willst
Tod des ICH BIN
Glätten

Die Basis des neuen Zyklus ist also die Neue Heimat. Du fühlst die Sehnsucht nach einer „Neuen Familie“, die in der Neuen Heimat wohnen soll.
Dazu rufe: Alle Kinder, die ich habe, die ich jemals gehabt habe und die ich jemals haben werde,
die Mutter, die ich habe; alle Mütter, die ich jemals hatte und die ich jemals haben werde,
den Vater, den ich habe; alle Väter, die ich jemals hatte und die ich jemals haben werde,
die Großmutter, die ich habe; alle Großmütter, die ich jemals hatte und die ich jemals haben werde,
den Großvater, den ich habe; alle Großväter, die ich jemals hatte und die ich jemals haben werde,
alle Ahnen . . .

In der Neuen Heimat wohnt also die Familie, die du hast; alle Familien, die du jemals hattest und alle Familien, die du jemals haben wirst.
Mit diesem Schritt vereinst du
Vergangenheit – Gegenwart – Zukunft

Die Neue Heimat / Neue Familie sitzt im 1./2. Chakra und steigt hinauf ins 3. Chakra.

Im 3. Chakra bildet sich ein Rad mit mehreren Speichen, wobei die Neue Familie das Zentrum bildet.

Dieses Rad dreht sich im 3. Chakra und stellt sozusagen das „Kind“ dar, welches aus dem
1./2. Chakra geboren wird. Kaum ist dieses „Kind“ (das Rad) geboren, muß es auch schon sterben auf seinem Weg aufwärts Richtung Herzchakra.

Du musst im Herzchakra an den Punkt kommen, den

<u>Punkt, an dem du nichts mehr willst.</u>

Dieser Tod, der hier stattfindet, ist der bisher größte Tod.
Es ist der
Tod des ICH BIN

Alles, was du bist, stirbt.
Damit ist nicht nur deine Seele gemeint, sondern alle Seelen deiner ICH-BIN-Gegenwart, deine neue Familie.
Du musst nochmals ALLES loslassen. Dieser Prozess kann sehr schmerzhaft sein; es ist gut möglich, dass du in dieser Zeit krank wirst und das Bett hüten musst, um durch diesen Prozess gehen zu können. Du stirbst ins 5. Chakra hinein. Von hier bringt dich der Fährmann flussaufwärts zur Quelle. Du trittst also in die (göttliche) Quelle ein. (6./7. Chakra)
Hier wird ALLES gelöscht, auch jede Erinnerung an dich.
Dieser Tod ist nicht ein Tod im bisherigen Sinn, nein, er bedeutet ein Auslöschen jeglicher Information. Es ist, als hättest du niemals existiert. Es gibt keine Erinnerung mehr an dein ICH BIN. Dieser Vorgang gleicht dem Formatieren einer Festplatte.

Dieser Löschvorgang betrifft die Vergangenheit, die Gegenwart und die Zukunft.

Danach erfolgt ein weiterer Vorgang, den ich als GLÄTTEN bezeichnen möchte.
Dieses Glätten ist außerordentlich wichtig, damit du mit nichts mehr „in Reibung" gehen kannst. Außerdem ist dieses Glatt-machen sehr wichtig für den nächsten Zyklus !

12. TOR

Galaktisches ICH BIN
Pulsar
ICH BIN die Quelle
ICH BIN Nichts
Shekinah

Nachdem du vollkommen geglättet bist, kannst du dich wieder fallen lassen. Der Weg führt wieder abwärts und es ist ein sehr, sehr langer Weg.
Wichtig ist wieder:

- Ganz in die Passivität zu gehen
- Nicht zu schauen, wohin du fällst
- Volles Vertrauen
- Volle Hingabe
- Nichts wollen

Der Weg nach unten fühlt sich schleimig und klebrig an, so als ob du von einem Wesen verschluckt worden wärst und nun durch den Darm wanderst.
Deshalb ist der Glättungsvorgang zuvor so wichtig, denn sonst würdest du „hängen" bleiben.
Dieser Fall dauert sehr lange, ich selbst bin die ganze Nacht gefallen und habe mich morgens in einer Art Gebärmutter wiedergefunden. Hier musst du dich einnisten, um zu wachsen und zu reifen. Dieser Reifungsprozess dauert wiederum unterschiedlich lange, es entstehen hier viele, viele ICH-BIN-Gegenwarten. Diese ICH BIN´s werden schließlich ins 3. Chakra geboren, wo sie sich zur Galaxis formieren und so das
Galaktische ICH BIN

bilden. Im Zentrum befindet sich ein supermassives schwarzes Loch, um welches sich die ICH BIN´s formiert haben und rotieren.
Dieses Galaktische ICH BIN muß aber wiederum sterben. Dieser Tod ist aber bei weitem nicht so schmerzhaft wie das Sterben deiner ICH-BIN-Gegenwart im vorigen Zyklus.
Jedes ICH BIN wird symbolisiert durch eine Kerze, welche auf den Fluss gesetzt wird und so seine Heimreise Richtung Quelle antritt.

Im Herzchakra entsteht ein Pulsar, welcher Lichtimpulse aussendet.

Pulsare kennt man auch in der Astronomie. Pulsare sind Neutronensterne, bei denen die Achse des Magnetfeldes gegen die Rotationsachse geneigt ist. Ein Pulsar strahlt eine periodische Radiowelle mit einer typischen Leistung im Bereich des 100.000fachen der gesamten Strahlungsleistung der Sonne ab.
Der Pulsar in unserem Herzchakra sendet Lichtimpulse in alle Richtungen und Dimensionen, er wird symbolisiert durch den Leuchtturm.
Doch auch hier lässt der Wandel nicht lange auf sich warten. Diese Wandlung vollzieht sich mit jedem weiteren Zyklus schneller, entsprechend unserer steigenden Schwingungsfrequenz.

Das Licht des Leuchtturms wandelt sich in flüssiges Gold, welches direkt aus der Quelle entspringt. Jetzt ist der Moment gekommen, an dem du realisierst:

ICH BIN die Quelle

Doch auch dieses Bild, diese Wahrheit muß sterben. Ein Strudel

erfasst dich , du wirst aufwärts gezogen und im 5. Chakra wieder „ausgespuckt".
Hier bist du im Nichts gelandet und du erkennst:

ICH BIN Nichts

Du kannst NICHTS ! festhalten, alles ist einem steten Wandel unterworfen.

Wie gewonnen - so zerronnen

Breite dieses Nichts über alles aus, sodass alle ICH BIN´s – das Galaktische ICH BIN – sterben können. Mit diesem Tod werden auch alle Dimensionen gelöscht.
Wenn du NICHTS mehr bist, wirst du ins 6./7. Chakra geboren.
Hier entsteht
Shekinah

Shekinah ist das Licht Gottes, die göttliche Manifestation der Gegenwart Gottes, die „Braut des Herrn". Shekinah besitzt also weibliche Energie, sie ist Weibliches Licht.
Die Weiblichkeit, das YIN, wurde bis jetzt immer mit dem Dunklen, dem Verborgenen gleichgesetzt. Jetzt sehen und erkennen wir das erste Mal das strahlende weibliche Licht.

Denn der Schein Shekinahs durchzog die Welt von einem Ende bis zum anderen –
Von einer Leuchtkraft, stärker als die Sonne.
Ein jeder, der in dieses Licht auch trat . . . auf ihm wagten der Fliegen und Mücken nicht zu verharren.
Nie ward er krank noch litt er Schmerz.
Ein jeglicher Dämon gar ohne Macht über ihn und fügte ihm auch keine Wunden bei.

Das Buch Henoch, Kap. 54

Nun lass das Licht Shekinahs in dein Herzchakra eintreten, sodass du mit deinem Pulsar im Herzen Lichtimpulse Shekinahs aussenden kannst.

13. TOR

Weiblicher Gottkörper
Weibliche Dreifaltigkeit

Wenn das 13. Tor geöffnet ist, gelangst du in die 5. Dimension. Das Ziel der 5. Dimension ist die Einheit.

Wir haben nun bereits 2 Aspekte des Weiblichen in uns entwickelt:
Shekinah - das weibliche Licht
und die
Dunkle Mutter - weibliche Dunkelheit

Shekinah

repräsentiert das Licht, sie ist die „Braut Gottes"
Sie symbolisiert Jugendlichkeit, Jungfräulichkeit, Schönheit und Anmut.

Die Dunkle Mutter

steht für Geborgenheit, Schutz, Vertrauen, Sicherheit und Fruchtbarkeit.
Sie symbolisiert die mütterliche Liebe.

Diese 2 Aspekte der weiblichen Liebe – Shekinah und die Dunkle Mutter – werden durch die Erde verbunden. Die Erde als Wesenheit verbindet die beiden Pole, sodass die Weibliche Trinität - Mutter, Jungfrau und Großmutter – entsteht.

Als Prüfer der Herzenskraft im Auftrag des Planeten Erde ist mir das Liebende Mütterchen erschienen.

Das Liebende Mütterchen

ist ein Erdgeist und gehört zu den Gnomen. Sie ist die Hüterin der Weisheit des Herzens.

Gelassen, mitfühlend und weise sieht sie die Menschen und verurteilt sie nicht.

Sie hütet die weiblichen Lebensmysterien. Unschuldig, rein und ohne Absicht trifft sie dennoch niemals unerwartet auf dich, doch du auf sie. Sie prüft auf Herzenskraft, Hilfsbereitschaft, Nächstenliebe, Achtung, Mitgefühl, Vertrauen, Mut, die Fähigkeit zu teilen und die Bereitschaft zu dienen. Nur wenn du ihre Prüfung bestehst, wird durch sie Shekinah und die Dunkle Mutter vereint und es entsteht die Weibliche Trinität, die Wahre Liebe.

Das Liebende Mütterchen steht also für:

Alter und Weisheit
Bedingungslose Liebe
Achtung
Mitgefühl, Nächstenliebe und Hilfsbereitschaft

Wer dienen kann, bereit ist, jede Arbeit zu verrichten, die auf seinem Weg liegt, der ist bereit zu herrschen, denn Herrschen ist eine höhere Form des Dienens.

Literaturverzeichnis

DRUNVALO MELCHIZEDEK, Die Blume des Lebens Band I und II
KOHA-Verlag 2005
JEANNE RULAND, Im Reich der Naturgeister
Schirner Verlag 2003
JEANNE RULAND, Die Gegenwart der Meister
Schirner Verlag 2004
JEANNE RULAND, Krafttiere begleiten Dein Leben
Schirner Verlag 2006
KIMBERLY MAROONEY, Engel Himmlische Helfer
Windpferd Verlag 2003
PATRIZIA PFISTER, KRYON Weckruf für die Menschheit
Zurück zur Quelle, Smaragd Verlag 2008

Weitere Quellen:

Andreas Burkert, Rudolf Kippenhahn „Die Milchstraße“
München, Beck 1996
NASA/SPL, R. Hurt
Digital Sky LLC, TWtunes, Antonio Miguel de Compos
Prof. Dr. Dörte Haftendorn, Geometrie Lernseite URL
http://de.wikipedia.org/wiki/5_Elemente